颶風

庚子秋月
何元龍書

甌風

Culture of Wenzhou

2020|第二十集

主办

温州南怀瑾书院

主编

方韶毅

编委

卢礼阳　金丹霞　沈　迦

方绪晓　潘德宝　徐佳贵

文匯出版社

宋词

——夏承焘先生一九六二年六月一日讲于温州师范学院

徐国强　记录整理

记录整理者按：我是一九五九年九月进入温州师范学院中国语言文学系学习的，那时正值“反右倾”运动，校方遵照上级指示强调师生思想改造，以社会为课堂，因而在一九六〇年课堂搬家，到山区永强公社锻炼。参观工人土法上马建造的水电站，上大罗山砍柴，开展割稻比赛……后来改成半天劳动，半天在祠堂里自学。有一次批评一位生病请假却在厕所看书的同学时，我说了公道话，说看好书也有利于思想进步，如《钢铁是怎样炼成的》等，结果，班干部发动全班同学对我批判，说我走白专道路。我内心十分苦闷。一九六一年八月十日，陈毅同志对北京高校应届毕业生讲话（发表在《中国青年》杂志），谈到只要方向对头，就越专越好，青年学生应该把主要精力用在文化科学知识的学习上，为祖国建设做贡献。一时间政策转变，一九六一年底返校复课。院党委书记在大会上说档案里的批判材料一律烧毁。师生们都为之振奋，我当然更加如饥如渴地努力读书了，而且班干部还要我帮助成绩差的同学。

一九六二年五月底，夏承焘先生回到故乡温州，我校中文系系主任马锡鉴老师聘请他来师院讲学（经过学院书记、校长同意），夏先生于六月一日欣然前来。那天，大礼堂里人头攒动，济济一堂，总有千把人吧，大家翘首以盼。夏先生已六十二岁，并未蓄须，他精神抖擞，神采奕奕，脱稿挥洒，随口流淌，如数家珍，侃侃而谈。他声音洪亮，全场则鸦雀无声，屏气静听。虽然没有黑板、银幕和幻灯，却能字字入脑，沁人心脾。我的感觉则如同久旱逢甘霖，暑天饮甘露，于是全神贯注，龙飞凤舞地奋笔疾记，生怕遗漏了一个字。

由于时间关系，讲学完毕先生即被接走，当时没有互动提问，我也没有追上去当面请教，真是终生遗憾。

事后，我将只有自己认识的十分潦草的笔录稿进行辨识整理，成为讲稿，反复赏读，然后一直珍藏于箧笥。直至一九八〇年十月我在桐乡二中（在崇福镇）任教时，方将此稿寄到杭州大学转交夏先生亲收，本意是想请他审阅订正后投寄母校学报发表，也许由于他的忙碌、谦虚或别的客观原因，记录稿没有寄回，却寄来了贵重的礼物——他亲笔题签的大作《夏承焘词集》，在扉页上书曰“国强同志正夏承焘奉”，真是情深义重。此书是一九八一年三月出版的，他寄到我手上是当年五月光景，先生时年八十一岁。我如获至宝，将此赠书与记录稿一起珍藏了几十年。现今我已届耄耋之年，心想不该让此硕果佳音（讲学记录）湮没而应与众人分享，让夏先生的深厚学养、独特体验滋润我们，并且获得治学门径，这样我才能心安理得。在此记录稿即将公开之时，记述以上背景，以便更深地理解这一次不同寻常的讲学。

徐国强于二〇二〇年五月二十二日

温州是我的故乡，很久不来了，今天与同学们见面，很高兴，你们要我讲，就讲讲宋词吧！

我在温州师范学校读书时，不知道什么是词，只作了些七字一句、四字一句的诗，修改一下，有一个同学似懂非懂地说："你在填词呀！"这是我第一次听到词这个名称，后来第一次见到《白香词谱》，抄了一本，读过之后，不懂变懂了。《白香词谱》中一百首词差不多会背了，再在背、唱、记的基础上学填词。

我们应该养成欣赏文学作品的能力，不一定读得很多，但要读透。如读三十首词，其中十首读透，有自己的看法就好。

有人说词的思想性差，这话既对又不对。翻开来就是"春"字，多为儿女之情。几十年前看到五代十国时后蜀的赵崇祚编的《花间集》（这是一部最早的词集），的确有此感觉。还有宋本《尊前集》，"尊"即"樽"或"罇"，酒杯之意。其实，词来自民间，与民间小调差不多，思想性很强。后来被宫廷、豪门所占有，为公子哥儿服务。南宋周密在入元代时所编的《绝妙好词》专选南宋之词，表达爱国主义的词一律不选，选者本人是有节操的，但在蒙古人的统治下他不敢选，我们要原谅他。后来我看了所有的唐宋金元词，不少词很好，如反映当时现实的，那是十分好的，尤其是反映民族矛盾的，极其深刻。我们应该从第一手材料着手搞一个选本。最好的也许只几十首，当然要真正了解一首就要知道千百首，熟悉词的意境、章法、词汇等。

中国几千年的文化史，经验丰富，难道都是糟粕吗？要诵，要背。

朗诵是研究古典文学的特点采用的好方法，文学是以感情来打动人的。好作品百读不厌。感动是读者与作者做感情交流。作文时作者边作边读，文章不好的地方往往看不出，但一读就读出来了。古人作文有两种修改法，一是把文章抄好后挂在墙壁上，天天看、读、改；一是写好后把文

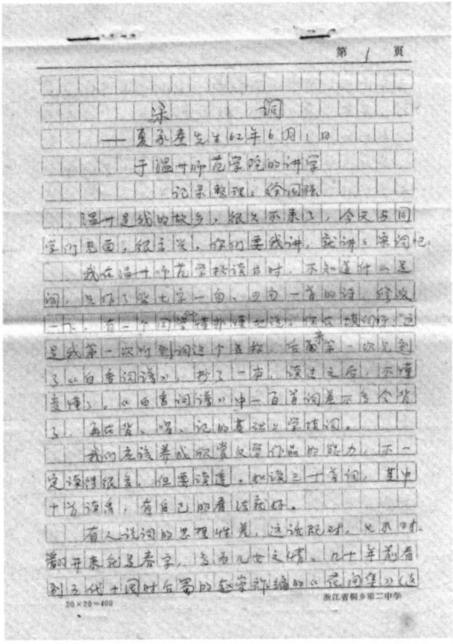
第 1 页

宋词

——夏承焘先生62年6月1日

于温州师范学院的讲学

记录整理：徐国强

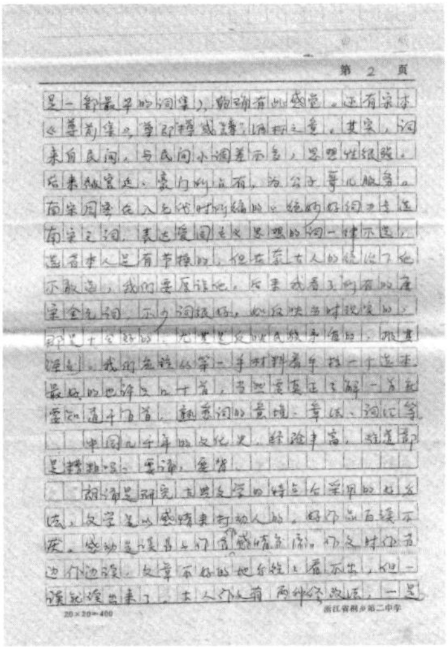
第 2 页

徐国强整理稿

章锁在箱子里，过几个月后再拿出来改，这样就不会吝惜了。作者写文章也可以说是读成功的，我们读者要把它读出来。

清初有一本《九宫大成南北词宫谱》，其中《大江东去》一词，有合唱、独唱、小组唱。若用西洋乐、民族乐一起来配，会更加动人。唱词的时候，用普通话、家乡调，都可以试试，百花齐放嘛！

李清照（易安），是婉约派，虽然温庭筠、秦观、周邦彦都是婉约派，但李清照是最恰当的代表。婉，不直说，重暗示；约，有约束，说得简约。为何要婉约？白居易新乐府诗固然好，但是词是音乐文学，音乐性很强，有的甚至只有歌谱没有唱词。用音乐来感动人心比之语言更甚，陆游说：“情知言语难传恨，不似琵琶道得真。”有人说，婉约派是词的正宗，音乐性、暗示性最强。

辛弃疾（稼轩）是豪放派的代表。豪放，明白说出来，着重思想内容。有人说，只要分现实主义和反现实主义即可，其实，婉约派和豪放派都有现实主义和反现实主义两派。在异族统治下，有时只能隐隐约约地说。辛弃疾也有很多词婉约成分很浓。

姜夔（白石），宋人谓之清空派（见张炎《词源》），其实应称为清刚派；张炎自己倒是清空派，他做不上官，就沉沦、清空。姜夔恰好在两派之间，北大文学史对他评价不低，不同于张炎。

下面分析辛弃疾的几首词。

西江月　遣兴

醉里且贪欢笑，要愁那得工夫？近来始觉古人书，信著全无是处。　昨夜松边醉倒，问松我醉何如？只疑松动要来扶，以手推松曰去。（注：○表平声韵，△表仄声韵，下同。）

这是豪放派辛弃疾的一首小令，是他的代表作，句式为六、六、七、六。遣，一般做排遣讲，如遣愁、遣恨；兴，高兴。遣兴，作诗词表达内心的兴奋，所以，“遣”在这里转为“表达”之意。作诗讲究制题，填词也如此。

平仄韵合押，这是同韵部平仄通押，从每句句末的字来看，是两平两仄（包括“笑”“倒”）相交替。

这首词写吃酒读书。第一句“贪”字用得好；“且”不是真欢笑，作用甚大。第二句立在纸上。李白字不着纸，杜甫力透纸背，韩愈字字相连，辛弃疾这一句（“要愁哪得工夫”）立着跳动。第三、四两句中，“信著”表示迷信，全部接受之意。这是发牢骚的话。《孟子·尽心章句下》：“尽信书不如无书。”孟子读《尚书·武成篇》，读到武王伐纣，“血流漂杵”，孟子认为此言不可信，不至于此。这是用典。有人说辛词掉书袋。但是此典用得甚好，因为它发展了、丰富了古典，看法更高，那么几个字就可代许多话，包含了许多说不清的意思。这两句是不满现实的话，鞭挞了现实。现实都不是真理，与古书全不同。古书说人要有道德，可是现在的人大都卑鄙无耻——该死的社会呀！用典用得好，则“水中着盐，饮水乃知盐味”（《名贤诗话》评杜甫诗），意为初看看不出，不着痕迹，细究才知用典。辛弃疾用此典发展了，含意更深（批评现实），故比原意更高明（原意“书”指《尚书》）。他能古为今用，把历史书拿在手里飞舞，而不是被书压死，典故到了他的手里成了政治武器，这样用典就是好。

上片和下片，要差不多，又要有变化，不能一样，又不能距离太远，要不脱不粘。抽出一个“醉倒”来写，更显得豪迈。写尽醉后神态而又有很强的思想性的，只有这一首。狄更斯在《大卫·科波菲尔》中写道，有人说别人酒醉跌倒了，其实是自己。第七句用了拟人化的手法，他醉得眼花缭乱了，只看见松树来扶他。

这首词是辛弃疾暇居江西时所作。辛弃疾年轻时曾在山东起义，于敌后打游击与金兵周旋，后南归。大财主、大官僚都是南方人，主和。辛要收复失地，但南方朝廷苟安于半壁江山，大地主、大官僚不满意辛弃疾，诽谤他“杀人如草芥”，污蔑他贪污好色，所以他在政治上不得志，非常苦闷，在南宋共四十余年，却被迫退休在江西闲居了二十多年。

这首词的最后两句是说：你以为我要跌倒吗？放心，我自己会爬起来，不要你扶。表现了辛弃疾的倔强性格，他要永远斗争，绝不屈服。在其他的词中，也有此意，如城墙倒了压住了，不要你们救！豪放不是空口说白话。当时不能直接骂，因此借读书吃酒等来表达，表达豪放，实质婉约。

由此可见，此词不是什么“遣兴”，而是抒愤。好比一盆火，用灰盖住，十分炽烈，不同于显露在外面的一下子热过容易冷却。所谓正言若反，犹如“信著全无是处”那样。

命题，有时需点破，有时却不点破，不点破或许更好。中国古典诗歌中常有无题诗，“诗到无题是化工”。（化工者，天工也。）朦胧一点会更美，味道会更浓烈，当然首先要作得好。红也好，绿也好，银灰色可能更漂亮。贝多芬的曲子原来有题目，可是被作者去掉了。这首词的题目从反面说，我们说话贵老实，但文艺创作贵狡狯，才能给人以回味的余地。

附带谈一谈平上去入和唱词。平，平直；上，高扬；去，由高而低，音向下落；入，短促。唱《大江东去》词要具备三个条件：一、生活阅历。应见过大江。二、文化修养。要能体会“赤壁之战”的形象、心理，能体会“故国神游”。至少要读过《三国演义》，知道这次战役是两个年轻人战胜了一个老头，二十多岁的周瑜加三十多岁的孔明战胜了五十多岁的曹操。三、了解写作背景，即作者写此词时的情况。

下面再说辛弃疾。苏东坡以诗为词，古人说他非词家之正宗，可是辛弃疾进一步以文（散文）为词，在他们看来更不是词的正宗了。又说：“用经典生硬字面”不好。其实以散文入诗，在李白诗歌中就有：“秦人相谓曰：‘吾属可去矣！’”但这种句子极少见。可是辛弃疾用散文入词，还有问答句，从未有过这种做法，确是独创。豪放派无拘束，前无古人，形式新，内容也新，表达了受压抑的诗人的感情。长调豪放已有东坡之作，辛词连小令也豪放实属难得。

辛稼轩又是婉约派的一员。上面这首《西江月》也有婉约的一面，简短，不直说。

青玉案 元夕

东风夜放花千树，更吹落，星和雨。宝马雕车香满路。凤箫声动，玉壶光转，一夜鱼龙舞。 蛾儿雪柳黄金缕，笑语盈盈暗香去。众里寻他千百度，蓦然回首，那人却在，灯火阑珊处。

此词即使从表面上看也是婉约的。正月十五迎花灯，“花千树”指灯，被东风吹开了。题目用“看灯”“看人”“寻人”都不好，作者用了“元夕”。“灯”字却到最后才出现，而且不是正面拿出来，而是陪衬着人而出，构思巧妙。东风还把星星吹落了。另有一首写鳌山灯，也比成星星，不过，“更吹落星和雨”，也可看成写焰火。看灯的人出来了，富贵人家的妇女用香料熏衣，车上挂着香炉，丫头捧着香炉，袖内拱着小香炉，连尘土都香了。唐宋时有玉壶白，外圆，内放冰块取凉，“一片冰心在玉壶”源出于此。这里用玉壶来比月亮。鱼龙又是灯。下片第二种人出来了，是普通妇女。蛾儿、雪柳、黄金缕都是头饰，《水浒》中的时迁到开封府登临鸟瞰，只见蛾儿雪柳白如一片雪花。这些普通妇女谈笑着，“盈盈”写尽了妇女的姿态。“暗香”指一种不浓的微香。寻他（那时无专指女性的“她”，“他”在此即“她”）寻了一夜，寻了千百次，找不到，理想中的人不在热闹的大庭广众之中，却在灯火阑珊处。写了许多灯，写了热闹的场面，有声有色，用来陪衬爱热闹的人并不出色。这里是反衬，陪衬孤独之人，也是渲染。不单用景而且用两种人来做衬托。真是“狮子搏兔用全力”，主要的东西用全力加以衬托，郑重出之。你想，“寻他千百度”，又是无意之中见到（“蓦然”），这里灯、人两条线，都是郑重出之。起先擒得很牢，引人注意，后来一下子揭出要寻找的人。杜甫有《佳人》诗，《离骚》也如此，用香草美人比自己怀抱的政治理想。

这首词是辛弃疾退居江西时作，那时的社会，许多人趋炎附势，卑鄙龌龊。例如程松得到一个小姑娘，送给上司取名松寿，以求恩赏。又如××（未记下）（按：经查应是韩侂胄）出游，见到竹篱茅舍，说："若有鸡叫狗叫就好了。"礼部侍郎（整理者按：记忆有误，应为工部侍郎）当场就装狗叫。作者的性格却是独立不惧，在冷落寂寞中不随波逐流，始终不渝地坚持抗战理想。

王国维在《人间词话》中讲道："古今之成大事业、大学问者，罔不经过三种之境界。"第一是"昨夜西风碧树，独上高楼，望尽天涯路"（晏殊《蝶恋花》）。第二是"衣带渐宽终不悔，为伊消得人憔悴"（柳永《凤栖梧》）。第三种境界即本词的"众里寻他千百度，蓦然回首，那人却在，灯火阑珊处"。这三句从全词中割裂出来后仍很好，富有哲学意味。做学问、干事业，要永不灰心，坚持下去，必能成功。

清平乐　独宿博山王氏庵

绕床饥鼠，蝙蝠翻灯舞。屋上松风吹急雨，破纸窗间自语。
△　△　△　△
平生塞北江南，归来华发苍颜。布被秋宵梦觉，眼前万里江山。
○　○　○

押韵情况，一半仄声（上片），一半平声（下片）。每句字数排列起来为四、五、七、六，六、六、六、六，上片参差，下片整齐，仄声韵参差句式宜于抒发不平静的心理，而平声韵和整齐的句式宜于抒发平静的心理。这是《清平乐》格式的特点。可见填词是要选词牌的。正因为此词牌上下片相矛盾，所以很难填好。唐宋以来所有用《清平乐》调写的词，情感与形式能和谐统一、配合得很好的，就是这一首。

"急雨"是"似急雨"之意。"吹急雨"三个字好，试比较"似急雨""声似雨"，皆索然无味。现在写成、当成了真雨，所谓"听雨寒更尽，开门落叶深”（唐代无可和尚诗《秋寄从兄贾岛》，“尽”又作“彻”）。

“破纸窗间自语”，拟人化手法用得好。

“绕床机鼠”“翻灯舞”“吹急雨”“破纸……自语”，每一句都有动词，选用的词要造成动荡之感。王国维说“一切景语皆情语”（《人间词话》），作者心情不平静，故写得动荡不停。下片从眼前写到所想，本来祖国有万里江山，可是现在北方被金人统治着。可叹收复国土的壮志未酬，一事无成，英雄无用武之地，因此下片表面平静，骨子里却极不平静。

上片的四句照理应该在“布被秋窗梦觉”的后面。文章要苦心经营，结构上不能总是按次序讲下去。由于环境、心情极不平静，章法也就不能平。他所以要倒写，不平铺直叙，也是为了抒不平之气。

辛词中表面平静，骨子里不平静的还很多，例如“欲说还休。欲说还休，却道天凉好个秋”；“不知筋力衰多少，但觉新来懒上楼”；“管竹管山管水”等等。可见要认真分析一篇作品，必须看什么人作，否则这些句子看来都没有什么意思了。

下面简单分析一下李清照的一首词，并讲讲词眼。

醉花阴

薄雾浓云愁永昼，瑞脑消金兽，佳节又重阳，玉枕纱橱，半夜凉初透。　东篱把酒黄昏后，有暗香盈袖。莫道不消魂，帘卷西风，人比黄花瘦。

雾、云都是炉烟。环境很好，而心情很坏，全首词着眼在一个“愁”字。

“东篱”就会想到菊花，因陶渊明有名句“采菊东篱下，悠然见南山”。

环境越好我越愁。若丈夫在家，重阳把酒吟诗有多好啊！

“人比黄花瘦”是此词的词眼。眼是全身精神的表露，被喻为“心灵的窗户”。诗有诗眼，词有词眼。“红杏枝头春意闹”（宋祁），这个“闹”字改用“多”“盛”“好”等都不行。这里是用听觉来写视觉，颜色鲜红，花朵开得如火，“著一‘闹’字而境界全出”（王国维《人间词话》）。老舍论这句的“闹”是指蜜蜂闹，这样讲不够妥当。可参见《文学评论》一九六二年第一期钱钟书先生的文章《通感》，用听觉来写视觉是运用感觉相通的手法。

关于词眼有一个故事，张先在《天仙子》中写了一句词眼“云破月来花弄影”（“弄影”指摇摇晃晃、自己欣赏自己的影子，卖弄风姿）。有一天宋祁去拜访张先，命人通报说：“尚书欲见‘云破月来花弄影’郎中。”张先在屏风后面呼喊着：“得非‘红杏枝头春意闹’尚书耶？”

若要说体现全词精神的词眼，那么李清照这首词的词眼在“人比黄花瘦”，尤其是“瘦”字。因为丈夫不在，所以发愁；因为发愁，所以瘦了。是上面种种境况，逼出了一个“瘦”字。

词眼不是一下子随便写出来的。“莫道不消魂”，摇曳生姿。“帘卷西风”，动宕。下文才见到了人。说花“瘦”，十分罕见。陶潜写了那么多菊花诗，从未这样写过。宋代其他人的词中只有花“肥”，如“霜花腴”，未曾见过花“瘦”，而且人比黄花还要“瘦”。

因时间关系，今天就讲到这里吧！同学们，再见！

怀念姑丈夏承焘先生

游汝杰

夏承焘先生是我的姑丈，也是我学术生涯的启蒙老师。

一九五六年我在温州第二中学升高中体检时，检出轻微肺结核病，虽然无症状，但也不得不休学。父母让我去杭州寄居在姑丈夏承焘家里，我的二姑妈游淑昭是夏承焘的原配夫人，他们一九二五年成婚，但一直膝下无子女，也希望有年轻的下辈亲戚为伴。那时姑丈任职浙江师范学院（杭州大学前身）教授，家住杭州体育场馆路浙师院宿舍，有两个大房间，我住在其中一个用作客厅的房间里。常有客人来访，印象较深的是历史系瑞安人张慕骞副教授。我跟姑丈学打太极拳，有时候他也一起练。

我的日常生活除了帮助姑妈做些家务外，主要是跟姑丈学写字和读唐诗宋词。每隔一段时间，姑丈随意在纸片上写一两首唐诗宋词，供我习字。至今我还保存有两张这样的字纸，其中一张写的是："进退存亡，行藏用舍。小人请学樊须稼。衡门之下可栖迟，日之夕矣牛羊下。辛词。"

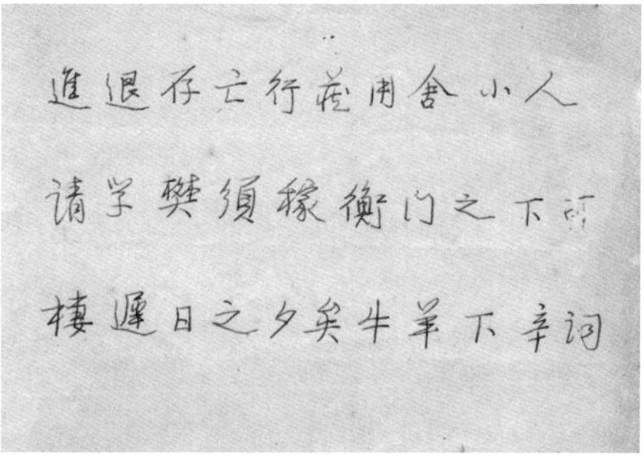

图一 夏承焘写宋词纸条

（见图一）。这些字大都用钢笔写的，对我来说，钢笔字也更实用。用毛笔写的只有一张我珍藏至今，这是一首他自己写的绝句：“孤花未放气先秋，旧梦重温境最幽。欲写小诗仍阁笔，不成这就叫闲愁。”（见图二）。在习字的同时，姑丈教我学习唐诗宋词，其方法是讲解、答疑、背诵、吟诵（用温州话）、默写，最后还要写读书笔记，即记下讲解的内容，并写下个人的体会。姑丈说起过他少年时代背诵过除《尔雅》外的全部《四书》《五经》。因此我喜欢上了古典文学，养成了背诵、默写诗词的习惯，后来背诵和默写过的长篇诗歌有《离骚》《春江花月夜》《琵琶记》《长恨歌》等。更重要的是从此养成写读书笔记的习惯，终生受益。

在姑丈家里住了约莫一年，我回温州读高中，一九六〇年高考，因故被降格录取到杭州师范学院（今浙江师范大学前身）。当时写信给姑丈，说杭师院不理想，打算明年重新高考。姑丈回信说：“读书主要靠自己，

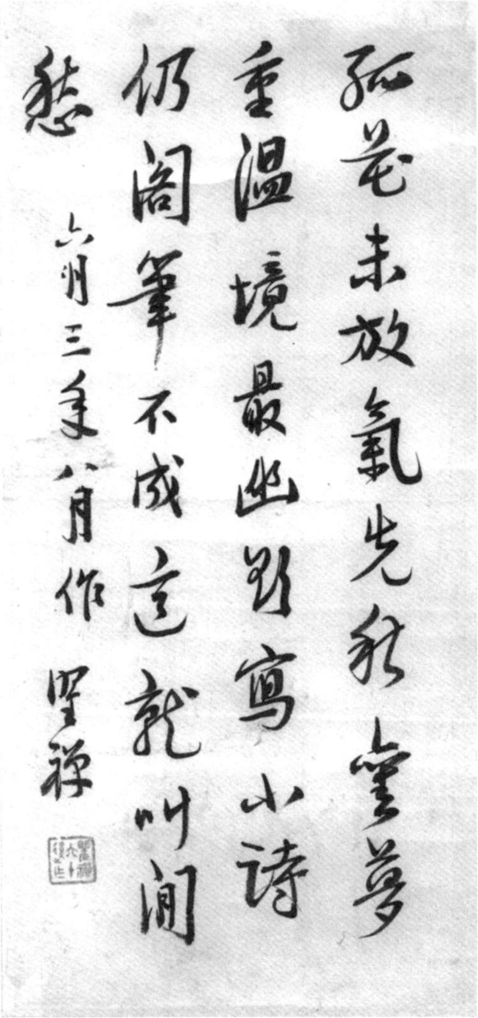

图二 夏承焘书法

不是靠学校。”劝我去报到。在杭师院读书的那两年，寒暑假、公共假期和周末都住在姑丈家里。我毕业后被分配到杭州江城中学教书，此后一直到姑丈一九七五年离开杭州去北京，我每逢星期天没有特别的事几乎都会去姑丈家。

我一九六〇年第二次去杭州时，姑丈一家已住杭州大学西溪道古桥宿舍。住房有三室一厅，除客厅外，有一个书房、一大一小两个卧室，我住小卧室。有客人来时，我常常帮忙泡茶。我发现有时候姑丈与来客寒暄后，即进卧室片刻，让客人在客厅稍等。我颇为不解，后来问原因，他说客人多，有些不常来，想不起他的姓名和来历，故须查阅通信录，以便应对。又说通信录是以“平水韵”为序排列的，书架上的《佩文韵府》也是按平水韵排序的。他常作诗填词，故熟悉平水韵。我是在客厅里初识郑张尚芳的，记得第一次见到他时，是听他高谈阔论温州方言本字问题。至今印象很深的是，他说温州话的“火gang”（旧时中空的竹制吹火筒）和“水gang”（旧时舀水用的竹制水勺）的“gang”，写出来就是“管”字。他和姑丈从音韵学角度讨论本字问题，我只是旁听，虽然听得一知半解，但是感到很有意思。此后对语言学的兴趣越来越浓，我的志趣也渐渐从古典文学转向语言学。

我在姑丈家的休闲活动，除了间或游西湖外，主要有两项，一是周末晚上三人自带椅子、凳子去校内操场看露天电影，二是姑丈傍晚带我在去黄龙洞的路上散步。散步时会闲聊各种话题，例如往日时光、个人境遇、学问之道、学人轶事等。有一次他说他的学生中蒋礼鸿、任铭善、朱生豪是最出色的。蒋礼鸿读书专心，精通《说文解字》，窗外桃花开了都浑然不知。朱生豪兼通中英文，首次将莎士比亚戏剧全集翻译成典雅的中文。后来姑丈把我介绍给蒋礼鸿先生，以便向他请教古汉语问题。姑丈接待亲友或来客总是和颜悦色、彬彬有礼、温文尔雅，儒者风范今不多见。我每

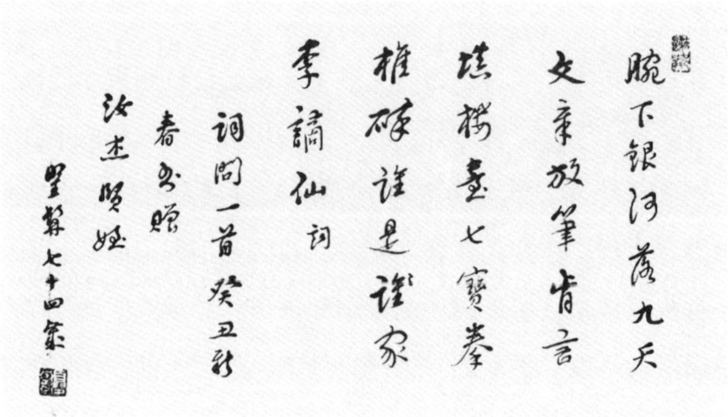

图三 夏承焘赠游汝杰书法

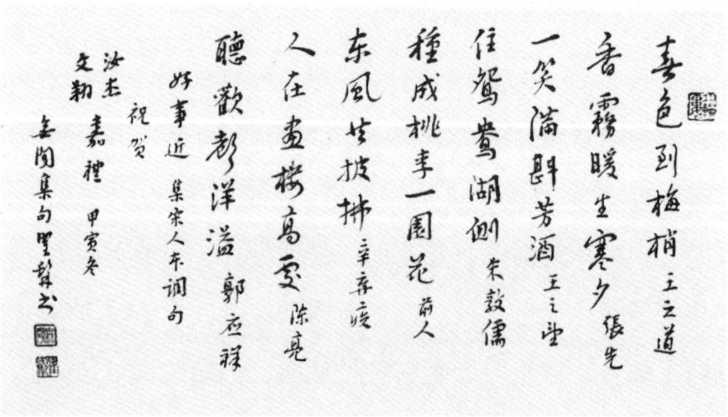

图四 夏承焘赠游汝杰新婚贺礼

次回温州老家他总是托我向父母问好，回来见面总是问父母还好吗？还曾为我介绍女朋友，年终给我零钱，用于预订次年的多种中英文报刊。

虽然从二十世纪六十年代初期开始，我渐渐离开古典文学，走上研究语言学的道路，但是姑丈对我在学术上的影响一直持续到八十年代后期。旧时代学科分类不像现在这样细，大学者往往兼类旁通，姑丈也懂历史、音韵，也知道语言学书，与语言学家交游。从他的平常谈话里我初次知道中国语言学大师赵元任、罗常培、吕叔湘的名字及其著作。在当时高校中文系的语言学课本《现代汉语》和《语言学概论》里是找不到他们的名字的。还有其他一大批各路大师的业绩，也是初次听他说的，例如温州籍的考古学家夏鼐、戏剧史专家王季思、画家刘旦宅等。一九七四年我曾去函王季思先生求教，喜获详细答复，回信原件今存。有一天姑丈给我看刘旦宅的扇面画，背面是他的题词，他对自己写的字不满意，说不知如何是好。不知后来有没有重画重题。有一次他带我去在孤山的浙江图书馆参观文澜阁的四库全书，并且借阅罗常培的《语言与文化》。此书我当年曾细读，大感兴趣，二十年后我撰写《方言与中国文化》，即受此书启发。八十年代中期语言学界有人讨论古代声调的构拟问题，我想起姑丈曾将宋代姜白石十七首词的自度曲译为工尺谱，也许乐曲的高低升降和声调相关，又查阅了《诗词朗诵谱》（杭大中文系编，油印本）中姑丈用温州话吟诵诗词的乐谱，发现乐调和声调关系密切，因而写成《宋姜白石词旁谱所见四声调形》一文。

“文革”初期姑丈作为“浙江省头号学术权威”挨批，并扫厕所，关牛棚。亲朋、好友、学生都避而远之，但我还与他保持联系。他“解放”后嘱我办两件事，一是去银行解冻存款，二是去中文系取回“文革”初期被红卫兵抄没的藏书。那些书被堆放在一个教室的角落里，用三轮车来回两次搬运回来。虽然书散失了一些，但姑丈还是十分高兴，特别是看到

《故宫藏画选》和《明清扇面画》（书名可能记忆不确）完好无损，这两本画册封面上写有“污手勿触”四个字，可见他非常喜欢。他当场叫我从搬回的书中挑出几本喜欢的书，送给我。我要了一本《唐宋词人年谱》。他又说要送我一辆最好的自行车，叫我自己去买。我买了一辆凤凰牌自行车，价格是一百五十二元。当时我在杭州一中学教书，每月工资只有四十多元。他还曾告诉我，他在牛棚里每晚夜深人静时默默陆续写论词绝句，自得其乐，并书赠其中一首：“腕下银河落九天，文章放笔肯言填！楼台七宝拳椎碎，谁是词家李谪仙。”（见图三）此诗后来收入《瞿髯论词绝句》（中华书局一九七九年版），其中第一句首两字“腕下”修改为“腕底”。

我姑妈一九七二年在温州过世，次年姑丈与第二任妻子吴闻（无闻）结为连理。我于一九七四年结婚，爱人吴文翔也是中学教师。婚前他们送我们贺词《好事近》，此词系“吴闻集句，瞿髯书”，词曰：“春色到梅梢，香雾暖生寒夕，一笑满斟芳酒。住鸳鸯湖侧，种成桃李一园花。东风共披拂，人在画楼高处。听欢声洋溢。”（见图四）

姑丈于一九七五年离开杭州，终老寓居北京。在京时他曾介绍我与吕叔湘先生认识。此后无缘晤面，只是通过几次信。我一九七八年考进复旦中文系（研究生）后，他嘱我向朱东润、张世禄和胡裕树先生问好。一九八〇年我赴京探望姑丈，他行动和思维已显迟缓，道别时送我《夏承焘词集》和《瞿髯论词绝句》两书。

回顾自己的学术生涯，庆幸自己机缘巧合，总角闻道，耳濡目染，少年时代就树立了读书为学的人生理想。我成年之后，兴趣转向语言学，但是姑丈仍然爱护有加，助我成长，姑丈的恩泽没齿难忘。

夏承焘日记出版时删节了什么

——以一九六四年十二月十七日至一九六五年八月三十一日日记为例

方韶毅

夏承焘日记因“多有读书，撰述，游览，诗词创作，友好过从，函札磋商等等事迹”，文献价值颇高，而深受学界关注。夏氏自述：“予儿时读李莼客《越缦堂日记》，心甚好之，故自十余岁辄学为日记”，“中经兵乱，虽颠沛流离，而日记未尝一日中断。岁月既久，积稿盈箧，约有六七十册。十年浩劫中，颇有散佚，无法追回”。据《词学》第三十五辑所刊吴蓓《夏承焘日记手稿考录》统计，夏承焘日记起于一九一六年元日，讫于一九八五年八月十三日，现存浙江大学人文学院资料室三十七册、吴蓓听风楼三十六册、温州市图书馆五册，共计七十八册。散佚九个阶段的日记，至少十几册，浙大处就丢失了十册。

一九六五年为夏承焘“写日记半世纪纪念”，他曾尝试作“学词日记”，署名庚子生，寄给广州的陈百庸，欲在《大公报》上发表，并计划“录出有关读词者，约数万字，为一册‘乙簃治词记’”。然夏承焘日记

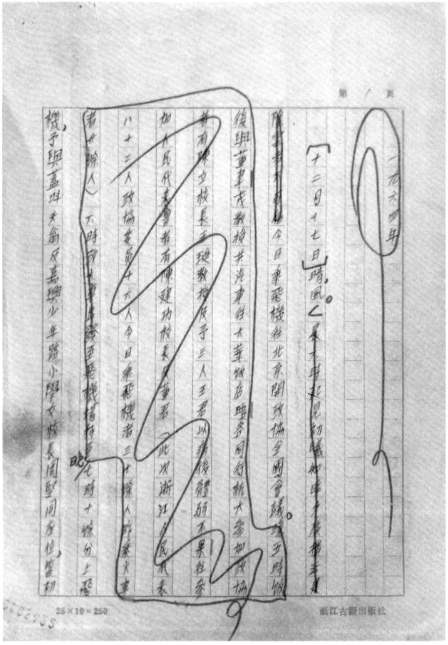

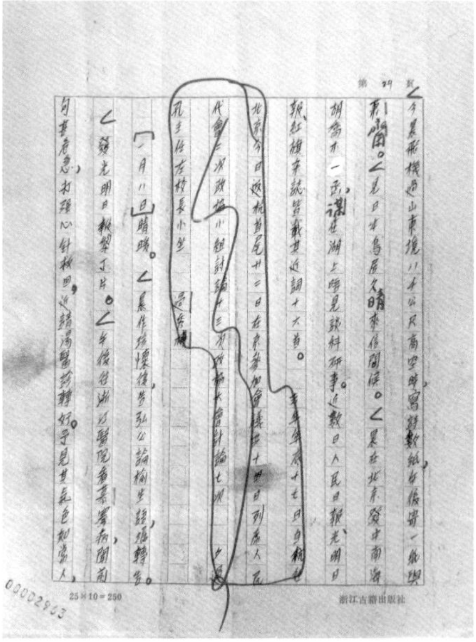

夏承焘日记抄件

公之于众，始自一九八一年应施蛰存之请选抄部分在《词学》杂志上连载，命名为《天风阁学词日记》。此外有摘录专题成文发表，如一九八二年版《文学遗产》增刊十四辑所刊《周密事辑》，即为一九二八年十一月二日日记摘录。后吴战垒提议《天风阁学词日记》集印成册，选录一九二八年至一九三七年十年日记，由浙江古籍出版社于一九八四年出版，作为“夏承焘教授从事学术与教育工作六十五周年庆祝会”献礼。一九九七年八卷本《夏承焘集》出版时，以该书纸型重印，作为第五册。《天风阁学词日记》出版后很受欢迎，浙江古籍出版社于一九九二年梓行《天风阁学词日记》（二），选刊一九三八年至一九四七年日记。后亦依此版纸型挖改近百处错讹重印，作为《夏承焘集》第六册。又选录一九四八年至一九六五年日记，编为《夏承焘集》第七册。

《天风阁学词日记》、《天风阁学词日记》（二）由夏承焘夫人吴无闻负责抄录，虽还有周寿渠、胡君曼、王式仪、周幸等人参与，但选取标准在吴一人。吴战垒在《夏承焘集》第五册《编后记》说明“日记原无标点，亦不分段”，吴无闻抄录时标点分段，“前后体式略有参差，如每日阴晴气候，或记或不记；书名引语，或加引号或不加；诗词断句，或以意断，或以韵断等等，均按夫人原抄，不求前后统一”。

《夏承焘集》第七册所选日记则是吴战垒组织人手抄录。其《编后记》云：“本册所记历次政治运动中的见闻及种种负责的人事关系，均出于当时据事直书，原不欲示人，故无所避讳。这次整理出版，为存其真，概不删削。”

前不久，笔者偶得《夏承焘集》第七册日记部分抄件，发现有诸多删改痕迹，留存的内容与已出版的此部分日记比对，基本一致。这说明吴战垒整理的这部分夏承焘日记出版时并非“概不删削”。吴无闻抄录的夏承焘日记亦是删改甚多，由此可推断目前出版的夏承焘日记皆非足本。

笔者所得这部分日记抄件用浙江古籍出版社二百五十格竖排稿纸圆珠笔抄写，时间为一九六四年十二月十七日起至一九六五年八月三十一日，正是《夏承焘集》第七册的一〇〇六至一〇七一页。按《夏承焘日记手稿考录》所载，这一百八十页的底本为现存夏承焘日记中的一册，“杂记账”开本版式。底本封面书数字“22”，并记：“六四年十二月十七日往北京开全国政协，一九六五年一月七日归。二月往诸暨洋浦参加社教运动，四月十六归杭。”夏承焘一九四七年开始用这种“杂记账”作为日记本使用。

该抄件一百八十页，二百五十字一页，每页基本写满，且标点不占格，算起来这部分日记有四万五千来字。抄写者未知，应是出版社或吴战垒找的人，但用红笔标点删改的，据知情人辨析是吴战垒的手迹。

笔者粗略统计，校补四百八十来处，多是抄写辨认不清或误植，删去的则有两百八十来处，近万字。翻读数次，找不出其中删改规律。除去个别敏感时事，所删较为随意。下面就所删略作分类，以便复原夏承焘当年日记全貌。

对越南战争的记录是该部分日记删改中较多的地方。

一九六四年“东京湾事件”以后，越南战争升级。一九六五年二月，美方增派兵力，加强了对越共军队的进攻，尤其是飞机轰炸。夏承焘二月九日日记原有“晨枕闻广播，七八两日美飞机大炸越南北部，昨夜北京五十万人大示威，政府声明斥责美帝”。二月十日日记原有“昨北京百万人示威游行，反对美帝炸南越”。三月十四日日记原有“午后阅《浙江日报》，我政府发表声明支援越南反美，美帝新运陆战队万余人往越南，苏联毒打我国留学生，为反美游行被殴伤者”。四月二日日记原有“前日西贡爆毁美使馆。近美机大炸越南，被击落十九架。我击落美无人驾驶侦察机一架”。四月七日日记原有“阅报越南击落美机数十架”。四月三十日日记原有“会后看越南抗美影片，有南越僧人以汽油自焚镜头甚感人”。五月七日日记原有“午后在陈立处开小会，商量下周开总结交流会。夕与妇过铎民夫妇，谈越南抗美事”云云。

五月十八日，参加省政协时事学习会，已出版的日记删去了与会人员及学习内容，其中有谈到越南战事：“到会者为杭大、农大、医大、美术学院共十五人，朱之光、余纪一谈对越南战事，各人看法过□如何，此后以国际大事、学习毛主席思想各人发言，至五时半归入浴”。五月廿五日日记删去“午后林社小组会议讨论与美和战问题”。五月廿七日日记删去“午后林社小组会谈对美帝战略”。六月一日日记删去“午后林社学习会谈美必犯我否”。六月八日日记删去“午后林社学习，讨论美国能侵犯我国否。予臆料越南战事不能罢休，将来必侵我，但彼不可能投入大量兵力，所谓墨渍战略，只能骚扰即撤退耳。苏美妥协不能久，以柯勃诸人能延命几何时，不可知。其国内情势一有变化，美苏矛盾即爆发”。六月十一日日记删去“约翰逊已令美军参加对越战争，我政府发表声明随时派志愿军往越”。七月十二日日记删去“阅报美国增兵越南运到，运已有七万余人。前日飞机扰河内，我国声明中国人民是吓不倒的”。

其间，多米尼加反美，夏承焘也做过记录，与越南战争一并评论。五月十四日日记原有“各大都市百万人大游行反抗美帝侵略多美（米）尼加”。五月十五日日记原有“各大都市大游行反抗美国侵略拉丁美洲多米尼加，广播谓美欲以毒气攻多，战事更扩大”。七月十一日日记原有“南越美大使泰勒去职，仍起用旧大使洛奇。美军伤士增多，多米尼加起义军仍坚持斗争，约翰逊梧鼠技穷矣”。

作为词人，夏承焘曾创作了多首作品来反映越南战争，但已出版的日记有所删改。如二月十九日日记，录有一阕《酷相思》：“林莽深深深几许，魂断听鹃诉……上甘岭，君记否？吉隆滩，君记否？”编者删去词题

《美帝必亡曲》。二月廿六日日记删去“闻越南归仁炸死美军官七十人，作酷相思一词寄《人民日报》”，并附有《酷相思》一词。该词出版时未录，这里摘录下阕：“昨夜千山飞赤帜，雷电归仁市。三月春愁如海水。流不尽，伤心泪。留不得，惊心地。”查《人民日报》似未刊出。三月三十一日日记删去“阅《人民日报》十八日报，二月十七日有八十二岁之美国妇女艾丽斯·赫茨夫人为抗议美国对越南政策，在底特律闹市上以汽油渍身点火自焚死，遗书谓效法越南僧徒反对约翰逊总统利用其高级职权试灭效果。归语仲浦，约同作诗词咏此壮烈”。四月一日日记删去“成清平乐吊美国焚身老妇”。这阕《清平乐》，题为《日本赤旗报载美国密执安州底特律市有八十二岁老妇，为抗议约翰逊总统侵略越南，二月十七日以汽油自焚死，遗书致世界各国人民，呼吁以斗争维护和平》，本录于四月五日日记，出版时删去。四月六日“上午写出清平乐焚身老妇词”直接改为“上午写词一首”。五月五日日记删“阅《人民日报》社论，感约翰逊九十九小国之语，作数诗颂越南抗战”。五月八日日记原为“以白龙一首及清平乐美老妇自焚词寄陈强华”，“美老妇自焚词”上均已删，故此处也删去，只留词牌。当日所附《白龙一首寄越南南珍教授》亦删去。陈强华即陈翔华，浙江苍南人，曾就读于杭州大学，夏承焘弟子，后任《文献》主编。当时在《人民日报》任编辑。此一诗一词总题为《越南二首》刊于《人民日报》当年六月二十日，题注改动为“美国八十二岁老妇艾丽斯·赫茨夫人，为抗议约翰逊侵略越南，以汽油自焚于密执安州底特律市，遗书全世界人民，呼吁以斗争维护和平”，“越南文学院南珍教授偕阮文环同志曾访华，闻越南捷报，作此寄之。时美帝空军方殒败于白龙岛”。

诸如此类二三十处，可见当时形势下，知识分子对美态度之一斑。

上面说到已出版的这部分夏承焘日记直接删了夏承焘所作诗词，还可以举例。一九六五年三月十日《单调酷相思》，原来五段，刊登只两段。后三段为：“有兴再来搞几仗，不搞不勉强。反面教员败军将。情愿当，原很像；不愿当，也很像。 五角大楼牵傀儡，戳穿不成戏。件件可怜都泄气。老虎也，纸糊的；台阁也，纸糊的。古语‘纸糊台阁’，此谓‘联合国’。 民可残杀国可卖，丑类归一派。血肉难偿相思债。两相思，浑无奈；单相思，更尴尬。台湾拟派匪兵支援南越美军。”三月二十七日删《夕听半导体收音机古琴曲及国际歌》一首，五月二十四日删《听晶体管收音机》《无难丸》《人识人》三首，五月二十五日删《朱可夫重露面于苏联》一首，七月十二日删赠龙岩王君诗，八月十五日删《画拒霜颂柬埔寨与美国绝交》，均与时事有关。

这些诗词虽非佳作，夏承焘后来在编选诗词集时大多未收录，但对于夏承焘研究而言，值得关注。因为这些作品并不是应酬之作，而是忍不住要写，一九六五年八月十五日日记所删“阅报越南烈士阮文追就义事，其妻口述，甚动人，思作一词赞之”，即为一例。夏承焘不仅约同事张仲浦同作诗词咏越南僧人壮烈事，而且发有关“四清”内容的词作征求意见，一九六五年三月二十九日日记原有“得东庚函，谓予清平乐各首形象与感染性不够强烈，理性认识多于感性感受，形象的直接性似乎大于间接性云云”。应该说是比较看中这些作品。这多少可以看出夏承焘的世界观、对当时形势的认识及那个时代的舆论导向。

这一时间段，夏承焘经历的大事主要有两桩：一是到北京参加全国政协，二是到诸暨泮浦参加“四清”工作。所删日记一类乃与其中敏感话题有关。如大会期间涉及班禅、周恩来等内容：一九六四年十二月卅一日日记“上午大组发言”后删“揭发班禅至十时余。午后晓翁、客李欣长汀人来，三时与晓翁同往琉璃厂买笔。四时半小组谈政协副主席、常委员”。一九六五年一月二日日记删“班禅自检讨长文，叛国行为甚惊人。休息时予见其隅坐吐痰，尚有傲慢态”。一月五日日记“周恩来讲话”后删“重述人代开幕辞，革命的大会、民主的大会、团结的大会之大意”。参加“四清”工作时涉及农民隐私问题的，如三月六日日记删“揭发郭学法贪污账最多，十时散”，三月九日日记删“大队支部郭学法贪污账”，“午后听大队干部自揭发贪污者四人，其中理论太多者，听众无好感”，“到廿余人，小孩子甚多，讨论郑继贤贪污问题”，三月十七日日记删“盘问金纪贤”，三月二十日日记删“夕浬浦大队开会揭发郭学法，十时散。璜山会议后，从宽处理各四不清干部。浬浦干部有问题未解决者十人，顽抗者两三人。此两三人大抵须□富农帽子”，三月廿四日日记删“夕公社社员在毕氏祠堂揭发郭学法，发言甚激昂。当场撤去其大队支书职务。郭作检讨，神态仍甚镇定”，四月三日日记删“议郭学法如何处分，科学态度仁至义尽矣”，四月四日日记删“午后与仲浦过九队，听老边教训郑纪贤”“斗争郑纪贤”，四月十三日日记删“八时听李长庆报告璜山会议经过，谓此次社会主义教育运动自始至终是要教育人改造人，可忘却教育二字（江华语），诸暨三县惩办百分之一，限制打击面，可划可不划者不划，十一时散”，等等。

上面所举可能在出版时有所顾忌，但也没有什么明确标准可言。

所删改的，明显不合理处颇多。如一九六四年十二月十七日，径删去“晨六时起，见初曦。知昨夕广播云是阴云者不可信”，“晚五时饭后与董聿茂教授共汽车往大华饭店晤各同行。杭大参加政协者有陈立校长、王珽教授及予三人，王君以病后体弱不果往。参加人民代表大会者有陈建功校长及董君（此次浙江人民代表八十二人、政协委员十六人，今日乘飞机者三十余人，昨乘火车者廿余人）。六时改大车出发至飞机场待至”数处，直接改成“晚七时十余分上飞机……”，出发到北京参加全国政协会议的细节就无端消失了。再如一九六五年一月七日日记删去“去年年底十七日自杭往北京，今日返杭，首尾廿二日。在京参加会议共十四日，列席人民代（表）会二次，政协小组讨论十三次，政协大会讨论七次。夕过孔主任、左校长小坐”，则把夏承焘此行的总结删去。

事关夏承焘个人生活和家庭琐事删去有百来处。如一九六四年十二月廿七日日记删“十一时半归，颇倦”，“晚睡甚甜”，十二月廿九日日记删“九时半归，入浴。发妇片”。一九六五年一月一日日记删“晨八时早餐啖汤团”“乃乘班车往东安市场，阅市，买物四五元，五时归，殊倦”“晨发妇一片。晚接亦和贺片，灯下写一笺复之”三处，一月廿六日日记删“得怡哥函，谓抗生侄在郑州胃病动手术二次，颇紧张，顷已痊愈”，二月四日日记删“夕玉□自黄岩来，听谈农业丰产情况，馈橘子”，四月廿一日日记删“午后往浙江医院量血压，100 /173，吴医师嘱静卧，五时入市。夕与妇八时即就枕，收听东方红影曲，眠尚好”，八月廿一日日记删“上午妇偕汝凡往农大看修龄”，“夕九时汝凡返温，写致止水一函，为汝凡介绍严古津令媛”之类。

此外，把夏承焘夫妇观影观剧的记录删去，则颇为可惜。如一九六五年一月十六日日记删“夕与妇往校看电影《柴达木建设》，甚动人”，一月三十一日日记删“午后往东坡剧院看京剧《芦荡火种》”，二月十四日日记删“昨夕与妇在大操场看全国人民的愿望集丰收以后电影，甚好”，五月十一日日记删“夕工会邀看苏联片《保护斯大林格勒》”，五月廿二日日记删“夕与妇共在大操场看第一颗原子弹爆炸及岸边激浪片”，六月十二日日记删“夕与妇及单家父子同看电影《越南战事》《草原铁骑》《霓虹灯下的哨兵》，十二时归。看电影时耳不鸣”，六月廿一日日记删“夕与妇在校饭厅看电影《不朽的功勋》，记朝鲜抗美，《林家铺子》”，七月二日日记删“夕与妇看《不夜城》，柯灵编剧，十时半归”等。这些细节反映了五十年代一位大学教授的文化消费，不失为社会史的重要材料，有一定的价值。

一九六四年十二月二十六日夏承焘“得B402牡丹牌半导体收音机，价一百五十五元，甚可”，亦被删去。这应是夏承焘生活中的一个很有意思的细节。一百五十五元买收音机，在当时是件奢侈的事。连带着一九六五年一月七日“单家夫妇来看晶体管收音机”、一月廿七日“晨起时听半导体收音机讲革命故事，一神枪子（手）教生徒不惜放弃其连续多年之红旗奖，又谓学技术为有对敌仇恨，此语甚好，无此思想基础便难克服个人名利心。午后写入学习总结”、四月廿九日“邀王□庭看半导体”之类的故事也删去。

在删去的内容中，还发现有四条内容比较重要，涉及同一事：三月十日“得□□□函，嘱先订研究生革命化计划，先作教改并作革命化词”，三月廿三日“得□□书，嘱写诗词研究革命化计划，如何为阶级斗争生产斗争夫妇，引江姐影剧为例，谓研究生来路应不限于大学毕业生”，三月三十日日记“发□佳复，讨论词学研究革命化计划”。四月六月 “函开示词曲研究革命化计划甚喜”。这□□□应是龙榆生，查已出版的夏承焘日记一九六五年四月十一日，可对应起来。“得榆生九日函，谈词学革命化研究计划，谓此一继往开来、推陈出新之伟业，盼以热情毅力不断努力，促其实现。谓已去书弘公，并嘱予向胡建议，内容宜包括散曲，然在乐为曲，在文称词，本属一家，勿为词曲旧有界限所囿。”张晖《龙榆生先生年谱》即引四月十一日日记谈此计划。如果这四条内容不删，那么龙榆生该计划可提前一月，龙榆生年谱也可更丰富。

综上，可见已面世的夏承焘日记有诸多细节未予公布，对于夏承焘研究来说殊为遗憾。

继八卷本《夏承焘集》之后，《夏承焘全集》几经周折于二〇一〇年启动，目前《词例》《唐宋词人年谱》《唐宋词人年谱续编》《永嘉词征》等卷已由浙江古籍出版社出版。《夏承焘日记》整理当年列入浙江文化研究工程专项课题，云将删去的部分补充完整出版，并新增吴无闻代笔的晚年京华日记、“文革”前夕日记等，篇幅增加一倍。据《〈夏承焘全集〉前言》称，“依原稿增补完整的《日记全编》，突破了‘学词’主题的匡限，除读书札记、治词方法、治学方法、作品存录、唱和纪要之外，还广涉时政要闻、百姓生活、地方风貌、朋从交游、人物述评、山川游览，以及数次运动中知识分子的心态等等，大大扩展了反映面”。想必上文所举删处，都已一一恢复。近年来，坊间数度传闻《日记全编》即将出版，但一年年过去，只闻其声未见问世。今年是夏承焘诞辰一百二十周年，若《日记全编》顺利出版，不仅可资纪念，亦将嘉惠学界。

二〇二〇年三月二十三日脱稿

漂泊的年代，河到哪里去找它的两岸？

——从夏承焘友朋书信解读“后浪”在大时代中的迷思与选择

沈　迦

一、慎社的三个火枪手

修订《夏承焘致谢玉岑手札笺释》，灯下重读先生一九二七年至一九三五年间写给好友谢玉岑等人的七十三封书信，在“后浪”成为热门话题的当下，突然发现写信时的夏承焘也是朵后浪，来自小城，在一个动荡的大时代里，与今天的我们一样，四处奔走，经历迷思，面临抉择。

先看第一封信，一九二七年七月三日（六月初五）写于刚从宁波返回家乡温州时：

玉岑词宗：

客腊片羽往复，遂疏执讯，比惟动定安胜。弟春间以友人之招，辞十中教职，从省防军及水警厅幕数月，曾周流台甬杭沪一行，韶濩爰居，终非习性。时局变后，复弃之入教育界，执教甬上第四中学一学期。日前以学生干政，被公安局政治部接收，偕诸同乡返温。兹奉上俚作数章，使故人知浪游踪迹一二，并乞和什。

孟楚从政南京，与曹君民父时过从。郑曼青在杭，闻新任沪上美术专门学校国画系主任。各有通讯否？府上军事以后想已安谧，下学期当仍振教上海南洋学校，有新作当不靳示我。

敝乡诸友无恙，十中迭遭变故，下学期开学未定。蔡雄以共产嫌疑惨死。弟下季燕关息居，未作他图。风便乞时时赐书，慰兹离索为祷。

即承

兴居，不次

弟 夏承焘 顿首 六月初五

一九二七年，二十七岁的夏承焘动荡不安，“曾周流台甬杭沪一行”。他是二月份从温州去的宁波，奔赴国民革命军浙江省防军秘书处任职，但三月中旬就转赴杭州另谋工作了。在杭州仅一个月，四月又返回宁波，任教宁波四中。本以为当老师会安稳一些，不料两个月后，他又离开宁波经上海打道回府了。

小城青年的动荡是时代中国动荡的一个缩影。一九二七年一月，随着北伐战争的节节胜利，国民政府迁至武汉。三月二十四日进入南京的北伐军第二军、第六军劫掠英美日领事署及外国侨民住宅，爆发震惊世界的“南京事件”。四月六日，张作霖军警突袭苏联驻北京大使馆，逮捕了李大钊。四月十一日，杜月笙在幽深的杜公馆内将前来赴宴的汪寿华装入结实的麻袋，当晚活埋于沪西枫林桥。随后那个闷热的夏天，有南昌起义、

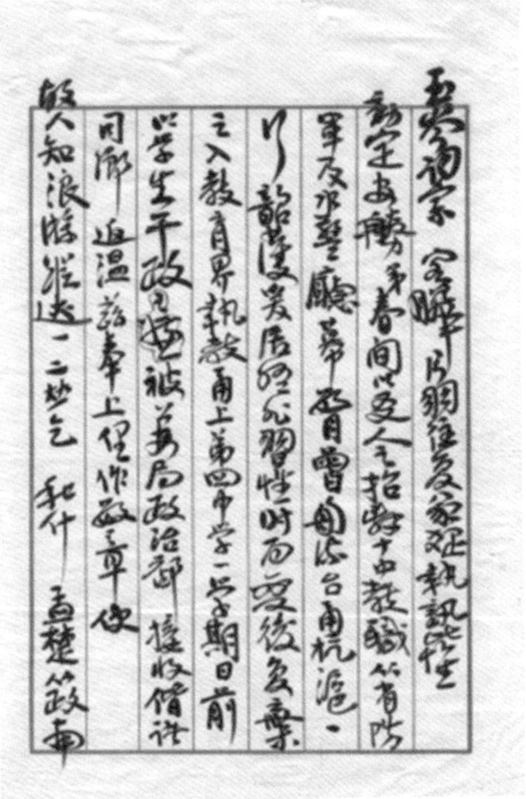

夏承焘致谢玉岑信（选自《夏承焘致谢玉岑手札笺释》）

八七会议、宁汉合流，时代的大幕在血雨腥风中拉开。

这一年还有两个文人的悲惨离世在当时激起不小的议论：四月十一日叶德辉在长沙被枪决，六月二日王国维在北京投湖自沉。一南一北两个遗老的横死，在当年看似互不相关，但后来的史家做病理切片时发现，他们死于同一种不治之症。

革命是一九二七年的主旋律，文弱书生夏承焘这年春天追随省防军去宁波，多少也带点革命色彩。他为何有此举动？这必须说到另一个青年人，他叫陈纯白，出现在夏承焘一九二七年七月二十九日写给谢玉岑的第二封信里——“冷生、琴隐杜户不出，纯白在省防军，仲骞尚在十中，膏豚之性，至今未改。”

陈纯白，名珩，字志翀，一作志冲，永嘉桥头人。生于一八九七年，比夏承焘大三岁。夏承焘与陈纯白同为慎社社友，慎社是民国时期温州一个自发的文学社团。

此信中同被提及的冷生即梅冷生（名雨清），也是几人共同的文友。梅冷生比陈纯白大两岁，是慎社的发起人。一九二〇年组织慎社，五月三十日在温州怡园举行第一次雅集。当天到会社友三十九人，包括当时年仅二十、尚在布业国民小学任教的夏承焘。夏承焘应该就是在这次雅集中初识陈纯白。

现在回看夏承焘的青葱岁月，加入慎社可能是关键的一步。与慎社相关的三个人——发起人梅冷生、核心人物林鹍翔（字铁尊，一九二一年任瓯海道尹）及社友陈纯白都深度影响了他后来的生活。梅冷生长袖善舞，次年即推荐他出任梧田（旧称梧埏）永嘉县立第三高小校长。“我有意帮他把地位提高一些。正巧这时梧埏高小校长李骧受当地人指控，不安于位，我劝他辞职去南京中央大学继续上进。其遗缺由我向林鹍翔推荐夏接任。”（《“慎社”与“瓯社”》，梅冷生口述，孙孟桓记录，《温州文

青年夏承焘

史资料》第七辑，温州市政协文史资料委员会一九九一年编印，第二四四页。）不料，梧田当地人排挤城区人，夏承焘上任未及一月就被逐回了。当时陈纯白在北京，任《民意日报》编辑，于是向失业的老乡发出了召唤。这像极了二十世纪九十年代南下的打工群体，乡谊、旧友是最大公约数，八百标兵奔北坡，异乡偏聚故人多。

温州青年陈纯白又是如何率先奔向北坡的？这要说到另一个温州人林立夫。

林立夫，单名卓，约生于一八八四年，比陈纯白大十多岁，可算他的“前浪”。林氏毕业于日本早稻田大学法政系，归国后任教于浙江师范学校，后当选为浙江省议会议员。一九一八年更进一步，荣膺第二届国会（又称安福国会）众议院议员。当时林立夫也就“三十而已”，年纪轻轻就能异军突起，与他的家世是分不开的。父亲林乐平是个传统的读书人，清末时在温州镇台属下中府衙门任掾史。他饱读经书，并工书法，在地方上算个有头脸的士绅。清社既屋，缙绅投身地方自治，他被推为永嘉县公粮仓库主任，一九一七年任温属船舶局局长。一九一九年进京谋事，与北京政府国务院秘书长郭则沄过从甚密。郭则沄是温处道最后一任道台，两人曾有上下级关系。林乐平有个兄弟叫林式言，更是能人，曾任福建永安、莆田知县，辛亥前夕回里，以士绅自居，民初重新出山，先任广东银号经理，一九一三年被举为首届国会众议员。鲁迅一九一三年三月十四日日记中对他有记录：“十四日晴。午后林式言至部来访，并访协和。”晚清民国，家族的观念还很强，兄弟联袂、叔侄携手，血亲力量不凡。据说林立夫受这三叔栽培甚多，留日即由其资助。

林立夫还有两兄弟：林云龙、林长风。林长风为国民党中央党校第一届学员，与陈立夫同班，毕业后在国民党中央党部任干事，与于右任同事。一九〇五年废科举后，留学成为精英阶层培养子女的第一选择。林家

林乐平

也不例外，林立夫、林云龙都留日，林长风走得更远，一九三三年远赴英国伦敦大学攻读金融专业。林长风学成后归国从商，为大生纱厂上海总经理。晚清办洋务后，商业成为一股新兴力量，依靠官商合办崛起的绅商阶层风生水起，大有取代士绅的势头。

这里还有个插曲，赴英前林长风迎娶温州商业巨子许云章的女儿许品仙为妻。据坊间记忆，婚礼那天，送嫁妆的队伍站满了整条五马街。这是民国温州的世纪婚礼，郎才女貌的背后是权力与财富的联姻。

考察林乐平的家世，作为一个读书人，他无疑是成功的。读书、经世，成为一方缙绅；育子、联姻，结成更大共同体。这其实也是中国旧式读书人修齐治平、家国同构的唯一道路。林家攀登这条华山古道时还抓住了时代变局下的两个转捩点，从科举转为留学，从士绅转为商绅，由此，林家平稳跃入民国，继续开枝散叶。

林立夫一九一八年当选为第二届国会议员，更进一步提振了林家的势力。据其弟林长风在一篇遗作中的描述："1918年至1923年是我大哥大运亨通、财源茂发时期，他身兼数职（国务院咨议、财政部顾问、盐务署顾问），收入丰厚……与他往来的大都是政界要员，有时一晚要应酬七八次……"（施菲菲：《"九牧"新风》，载《温州望族》，浙江摄影出版社二〇〇八年版，第一六五页）

这是林立夫的高光时刻，为壮大声势，他还抓住了"新媒体"机遇——在北京创办《民意日报》。《民意日报》设在北京绒线胡同，当时发行量达五万余份。他自任社长，社长搭台，还需人唱戏，于是写得一手锦绣文章的"后浪"老乡陈纯白被招入麾下。陈纯白赴京前，慎社社友李仲骞作长古一首送别："我友达者陈子冲，立志肯与流俗同。胸撑经史三千卷，气夺横磨十万雄。"由这几句诗，陈纯白头角峥嵘的气度可窥一斑。

《梅冷生师友书札》收录一封陈纯白一九二〇年七月九日致梅氏信，记录了他的北漂首途及初抵都门时的感慨。

> 冷生吾兄如晤：
>
> 弟于本月十六日乘广济轮船赴沪，十七日抵埠，在沪过宿两宵，十九日早搭车北上，二十日抵京。一路布帆无恙，差可告慰。现在此间民意报任编辑之职，月薪所入，尚堪糊口，惟京中近日政局不靖，然亦意中事，无足怪也。
>
> 《慎社》第一集请检几本寄下，因弟箧中无此物，各处接洽，难以措辞。第二集何日出版，奉上诗稿一纸，乞削正登入为盼。社

中诸事以谨慎为要，不良分子决不可令其羼入。

弟此次晋京，寓林立夫先生公馆，现已迁居前青厂民意报内。旬日之间，得闻崔云松、张树铭诸公之谈论，始知平日所学为非，读书以实用为主，作官亦偶然事，今人动骂政界为下流，不知古来圣贤，如孔丘、孟轲、董仲舒、郑康成无一非政界中人，若能具济世救民之志，乌乎不可！吾辈所创之社，名为以文会友，然亦不可不具活动社会之思想。时局若无大变化，已未系势力必定扩张，他日有事，亦可为吾社之臂助也。

仲炎近况如何，念甚。老伯大人玉体强健否，引领南望，白云在目，良朋不见，吾劳如何？

匆匆，顺请

著安，并颂同社诸公安好

小弟 珩 顿首 古五月廿四日

此信书于民意日报社专用笺，内涵相当丰富，除报告行踪等琐事外，重点在第三段：一个看见了外面世界的青年向老家旧友发出“觉今是而昨非”的感叹：“始知平日所学为非，读书以实用为主，作官亦偶然事。”

今人视读书与从政为泾渭分明的两条道路，其实道路的分野是晚近才发生的事。科举时代，学而优则仕，读书就是为了从政。也正因此，陈纯白才会在信中感叹：“今人动骂政界为下流，不知古来圣贤，如孔丘、孟轲、董仲舒、郑康成无一非政界中人。”悬梁刺股、学优出仕，这是中国男性走了一千五百年的阳光大道，曾充满道路自信。后来虽废科举、办新学，但民国还是有那么多有志青年学法政、投身政治，当然也包括后来的参加革命，其内在的理路，或叫路径依赖，是渊源有自的。

梅泠生也是个胸怀丘壑的青年，“吾辈所创之社，名为以文会友，然亦不可不具活动社会之思想”。不过，到晚年（一九六四年），他“交代”：“那时，我年少气盛，正热衷于名利之途，想借此结纳朋友，形成地方上一股政治力量，扩大影响，冀能爬上绅士地位。但我又胆小，唯恐为此事招灾惹祸，为使招牌上不露马脚，深以薛说为是，遂采取其议，定名‘慎社’。”（《“慎社”与“瓯社”》，《温州文史资料》第七辑，第二四一页。）同一人、同一事，在不同的时代语境下有判若云泥的表述，其间的吊诡与隐含的变迁，读者只能自己体会了。

信末提及的仲炎即夏承焘，这是他小时的名字。夏承焘一九二〇年八月初三日日记：“午后作书寄志冲，通知布业教席事。且托其于京中有相当位置代为留意。书成，交其家中附去。……夜自如园归，中途遇陈幼明，怀出陈志冲来书见示，内有‘如有刘厚庄之文章，夏仲炎之性情，何患不能养亲’云云。读竟为之感激，焘何人，敢与次饶先生媲，语云：‘得一知己，死而无憾。’舍志冲，吾其谁归哉！”（转引自《梅冷生师友书札》，卢礼阳编注，浙江古籍出版社二〇二〇年版，第三四、三五页。）据此记录，陈纯白对夏承焘之推崇之情已溢于言表，“舍志冲，吾其谁归哉”！陈夏两人此时可称莫逆。莫逆之交，自然可“托其于京中有相当位置代为留意”。小城青年终于在一线城市看见了自己的人脉与希望。

此信还提及“己未系”，当时也称“己未俱乐部”。林立夫为骨干分子。己未是一九一九年，徐世昌在大总统任上。以段祺瑞为核心的安福系推徐世昌到台前，经常露出老实人微笑的徐世昌其实有自己的算盘，己未俱乐部就是他意欲抗衡安福俱乐部的一个组织。该系的台前人物是靳云鹏与钱能训。靳云鹏，字翼青，北洋老将，袁世凯时代封一等伯爵、果威将军，其资历仅次于“北洋三杰”，袁死亡后受段重用，与徐树铮、傅良佐、曲同丰并称段的“四大金刚”，但他与徐树铮不和，于是徐世昌有意

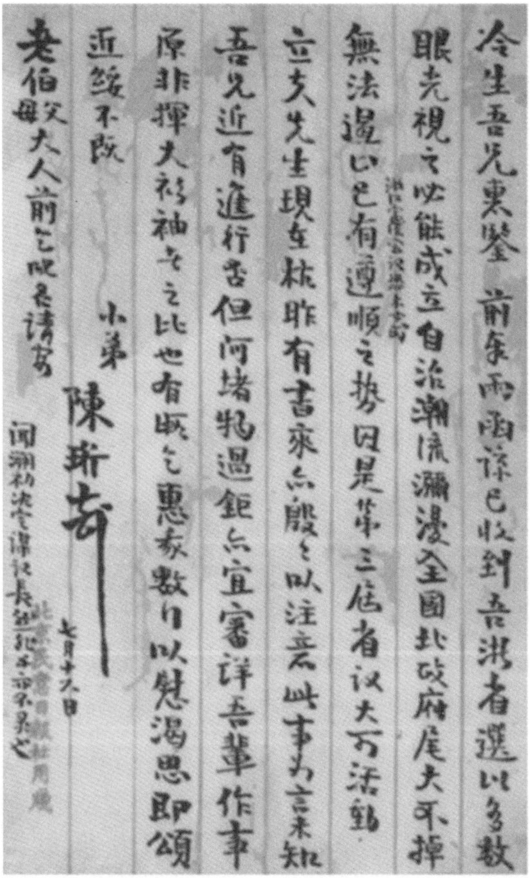
冷生吾兄惠鉴 前奉两函谅已收到吾浙者选以多数
眼光视之必能成立自治潮流弥漫全国扎破麻尾大不掉
無法遏止已有通顺之势因是第三届省议大可活动
立夫先生现在杭昨有书来亦殷殷以注意此事为言未知
吾兄近有进行否但阿堵物过钜亦宜审详吾辈作事
原非挥大衫袖之之比也有暇乞惠我数行以慰渴思即颂
近绥不既 小弟 陳斯奇 七月十九日
老伯父母大人前乞代名请安

陈纯白致梅冷生信（选自《梅冷生师友书札》）

拉靳倒段。一九一九年九月靳氏出任国务总理兼陆军总长，成为夹在徐段之间的一个关键人物。靳虽赳赳武夫，但擅平衡术，以善打“政治麻将”著称。一九二〇年直皖大战，皖系倒台，张作霖上台，仍力荐他组阁，于是他继续在直系与奉系间寻求平衡。北洋时代，统御北京的总统和总理如走马灯似的轮换，其实台下是齿轮与齿轮凶猛的咬合。齿轮下还有滚动的链条，链条下还有隐藏的动力源。

陈纯白在给梅冷生的另一封信（一九二一年五月二十八日）里，再次提到第二次组阁后的靳云鹏：

> 冷生足下：
>
> 本月廿三日接到瑶笺，藉稔起居纳福为慰。仲炎事备承费心，至为感谢。闻希逸反对仍甚烈，仲炎为兄垂青之人，想兄必能始终斡全，固毋庸鄙虑也。省议会将来以吾国现状观之，比前必较活动，首长民选之言，虽为吾人所不愿闻，但潮流所趋，难免有实行之日。黄溯初于前月回里，外间传其有谋省议长之说，兄有知之否？果然，黄之志亦大略可知矣。林云龙兄亦有意于斯，凡事请兄与其提携而行。林兄为人极义气，且有干才，将来兄在议会中活动，尤不可无此人。其兄立夫先生在京，地位不在溯初之下，且与弟知己，有事又易于接洽也。惟今日人心不古，选举场中鬼蜮百出，兄平日所交尚多朴厚之人，此中危险固未尽知，望兄格外留心，步步稳健为盼。此事以兄之力量，成功可以预贺，慎社地位必因兄而增高，又为吾人所欢喜不已也。
>
> 弟在此间境况比前为佳。近数日北京开全国报界联合会，弟被推为干事，昨与狄平子、梁玉芝（泰晤士报女记者、美国文学硕士）诸先生在中央公园摄影，今晚靳翼青总理在东方饭店招宴报界

靳云鹏

代表，弟亦在被邀之列。说来甚俗，老友勿笑。以吾瓯人眼光观之，可谓不大出风头矣。但吾人志岂屑在是，所以愿与周全者，盖为将来谋活动之地位，非他人所知也。

孟夏渐热，伏惟为国珍重。匆匆，即颂

近绥，不既

小弟 陈珩 顿首 五月廿八日

这封信的内涵也很丰富，除靳云鹏外，还提到林立夫林云龙昆仲、黄群（溯初）。那是最好的年代，也是最坏的年代。是希望的春天，也是绝望的冬天。转轨后的时代列车继续呼啸前进，不过高等车厢里已换了客人。留学生替换了科举士子，穿西装的商绅替换了长袍马褂的士绅，督军替换了翰林。当然，儒家经两千年打造的王道政治也已让位给枪炮、金元与阴谋。国人的政治取向里，当道德失去光芒，士人的理想也将宣告结束。

不过，拥挤在站台的旅客多不清楚列车包厢内的事，他们在摩肩接踵的人群中引颈翘首，等待已经迟到的列车进站——谁的青春不迷惘，谁不想搭上时代的快车？

夏承焘赶上了一九二一年七月的火车，到达北京，与陈纯白在《民意日报》做了同事，担任副刊编辑。就在夏氏赴京的次月，梅冷生也如愿当选浙江省第三届参议员。他自称是得林鹍翔的帮助，其实竞选经费一部分系林立夫所借，中间介绍人正是陈纯白。

慎社的三个火枪手，在不同的站台上车，终于汇齐在同一班开往春天的地铁里。

二、这里不是我的世界

这个冬天，
最后一夜，
我和你都在寻找开往春天的地铁，
这里不是我的世界。

这是一九二一年的中国，与夏承焘几乎同时束装远行的还有一个叫马林的荷兰人，作为共产国际执行委员会委员，他此行的目的地是上海。那年冬天，美、英、法、意、日、比、荷、葡和北京政府的代表还要在华盛顿举行会议，解决巴黎和会《凡尔赛条约》没有解决的问题，后来通过的《四国条约》《九国条约》虽维系了一战后的远东秩序，但也为中日关系埋下了至今没有排尽的地雷。

《民意日报》不是夏承焘的世界，他就职的时间出乎意料地短，七月甫抵，十一月即离，可谓出师不捷。剑未配妥，出门已是江湖。夏承焘日记中没有交代个中原因，我推测与靳云鹏一九二一年十二月突然辞去内阁总理有关。夹在直奉中间的靳云鹏，最后因与交通系倾轧，被梁士诒扳倒。梁后来又被吴佩孚扳倒，导致直奉战争，最后徐世昌也下台。这是民国的纸牌屋，出牌一张可能引发混沌学的蝴蝶效应。己未系长长的生态链中，夏承焘是靳云鹏不认识的一片叶子，秋风起，所有的叶子都要落。

夏承焘这片飘零在异乡的叶子没有叶落归根（应该是家乡太远，路费不敷），而是去了邻省陕西。新工作也来自林立夫的牵线。

关于西安之行，夏承焘日记有记载：

十一月初五日：“上午将冷生杭州寄来票款向中国银行兑现。午后过访郑剑西问贷秦行资斧。发家书一封，告动身日期，命家中张罗现款二十金寄西安。纯白允代筹二十元，合冷生款四十余金，只够起身时零用及路费，到地尚须支持也。”

初十日：“上午赴东交民巷兑现洋，以夏衣数件命赵魁付宝盛质得五金，方足资斧。理行李毕，遂于晚十一时乘京汉火车首途。……纯白与铭芳送至车站，黯然言别。入京才四阅月，又数千里西行，人生如飞鸟，到处无定栖也。上车少时即思睡，过卢沟桥、保定桥等处皆不之觉。”

夏承焘去西安的路费，梅冷生、陈纯白各借一部分，家中也资助一部分，仍不足，只能典当衣服。长安居，大不易，且行且珍惜。

其实作为贷方的陈纯白，此时也捉襟见肘。陈氏一九二一年十二月一日致梅冷生信，这样写道：

冷生我兄如见：

连奉二函，想蒙披览。瞿禅已由立夫先生荐充陕西省视学，每月薪俸七十元、公费三十元，准于本月初八九日随新任陕西教育厅长沙月坡明远君赴陕。京陕路程相隔遥远，盘费须费三四十元，加以瞿禅新出茅庐，衣服铺设为体面不得不稍稍置备，所费亦不赀。弟在京进款过微，本年下学期转入内务部高等警官学校肄业，该校学费甚巨，每年定壹佰元，分两期缴纳，又制厚呢制服，耗去十八圆，以致捉襟见肘，再四设法，所缺尚巨，不得已肃函上恳大哥假渠大洋四十元，即行交邮汇下。瞿禅到陕第一月薪俸发下，即以奉还，决不食言。明知吾哥现在经济不大活动，然惟哥外则无可启齿，不情之处，望原之。

匆此，即颂

近安，并望复音

弟 珩 顿首

这是“三个火枪手”不能为外人道的窘迫内情，离今天说的财务自由还遥遥无期，但那时的年轻人似乎没有今天的青年那么“丧”。

此函写于内务部警官高等学校用笺，此时的陈纯白已是该校学生。中国现代意义上的警察制度开始于袁世凯一九〇二年在天津创办的巡警，至民国仍属新事物。内务部警官高等学校成立于民国六年，是当时全国最高警察教育机关。陈纯白此次投笔从戎，再次显示其眼界之高瞻及决心之果断。文武分途，夏承焘到陕后则任西安中华圣公会中学国文教员，兼课陕西省立一中与成德中学。

一九二三年二月九日，夏承焘在给温州老家的一封家书中说：“男总觉与官场中人气味不相投。籧篨戚施之态，更见之生憎。”（徐佳贵：

《夏承焘先生在陕二三事》，载《瓯风》第十五集，文汇出版社二〇一八年版，第一六二页。）于是他就少应酬，多读书，其间还以写小说自遣。不同的性格决定不同的价值观，不同的价值取向决定了不同的人生走向。

在陕几年，夏承焘的思想也是有改变的。一九二四年二月十二日，他在日记中这样写道："灯下作复冷生书，言慎社不可注全力于社刊一局部。结集数百人为一团体，须为地方上做一点事，免使人讥我辈为风雅闲人。"卢礼阳编注《梅冷生师友书信》时也征引这则日记，并评以"见地不俗"四字，卢礼阳应是看到夏氏骛新的一面。诚然，即便书生如夏承焘也看到时代在变——苟日新、日日新！

"秦中数载"，尽管他自称"治小学及宋儒思想，皆无一成"，但后来的研究者一致认为，西安五年是夏承焘学术意识自觉、学术理想确立的重要阶段。钱志熙认为："到了这个时期，夏先生的身份，已经由一个单纯的文人墨客转变成为职业性的学者，并且开始从规仿清人学术到预流当代的治学风气。"（钱志熙：《夏承焘先生早年学术道路试探》，载《中文学术前沿》第五辑，浙江大学出版社二〇一二年版，第五页。）

夏承焘一九二四年冬结婚，次年夏即决定离开西安回温州。

无定河边暮角声，赫连台畔旅人情。
函关归路千余里，一夕秋风白发生。

人称温州是鱼米之乡，"温不出""十鹿九回头"，其实那是夏承焘年代的"逃离北上广"。

小城安居，只能做教书匠的夏承焘九月即出任瓯海公学、温州十中教职，也是在这一年，结识了来温谋职的谢玉岑。

林立夫也是一九二五年携眷南归。冯玉祥一九二四年十月发动"北京政变”，囚禁曹锟，驱逐溥仪出宫。曹锟政府倒台，直系历史彻底终结。回乡后的林立夫虽称息隐家园，实仍周旋于地方官员与缙绅之间。他担任过温州红十字会名誉会长，一九三二年还赴沪任国民政府军事参议院上校谘议、浙江省民政厅督察，但终究没有东山再起。一九三三年，林立夫在公共浴堂洗澡时，因气闷晕厥，不治而逝，年仅四十九岁。

陈纯白毕竟年轻，内务部高等警官学校毕业后即活跃于警界，一九二七年出任省防军司令陈其蔚副官。陈其蔚（一八八四—一九三九），又名文明，别字熙甫，浙江磐安人。他是林立夫同辈人，一九〇七年毕业于日本陆军士官学校，回国后赶上辛亥革命，从此“军功显著”。一九一三年被北京政府陆军部授予陆军少将，后任浙江省第四区戒严司令部司令官，一九二七年任浙江省防军总指挥。据红十三军一九二七年九月十七日给中共中央的一份秘密报告，“陈其蔚省防军是浙江警备队编成及蒋性白建国军被编一部分，统统约二千人。其先他未得国民政府许可，因为他的左右手腕灵敏，聘何应钦为参谋长，蒋性白为总司令，省防军得以存在”。（《郑馨关于温州等地情况给中央的报告》，载《红十三军和浙南革命斗争》，解放军出版社二〇一四年版，第一〇五页。）

应该是这段出任陈其蔚副官的机会，意气风发的陈纯白再一次招呼好友出山，于是有了本文开头夏承焘一九二七年赴宁波省防军秘书处的短暂经历。据《中国留学日本陆军士官学校将帅录》“陈其蔚”条记载，一九二七年国民革命军北伐浙江后，陈即赴任北京政府陆军部参事，做了个赋闲的高等顾问。一九二七年是中国近代史的分水岭，也是很多人一生的分水岭，陈被杯酒释兵权，夏承焘当然只能另谋出路。风起、树摇、叶落，底层的叶子又一次不知风从哪里来？

这中间还有个凄婉的故事，一九二六年四月，夏承焘胞妹夏畹兰去世，陈纯白与夏畹兰订有婚约，本计划五月结婚。谢玉岑有挽联：“呕心直同李长吉；未嫁还怜叶小鸾。”谢把陈比喻为诗人李贺。

三、已倦飞腾可著书

一九二七年也是青年夏承焘的分水岭，折腾岁月无奈收尾。九月，他又一次离开温州，前往严州（今建德）。十月十四日，已在严州中学任教的他在日记中明确写道：“拟以四五年功夫，专精词学，尽集古今各家词评，汇为一编，再尽阅古今名家词集，进退引申之。自惟事功非所望，他种学问亦无能为役。惟小学及词，稍可自勉。明正当着手为之。”

“自惟事功非所望”，已尝试过多种职业、奔波了大半个中国的夏承焘终于决定退回书斋。读书经世之途不通，那就做个纯粹的读书人吧。钱志熙把夏氏的这个转折称为“严州之悟”，“其对于现代词学的意义，或许也可比拟阳明的龙场之悟”。

夏承焘退回书斋，但不是回到旧式文人的唱酬吟咏状态，虽然他有六经根底，并能唱故国晚秋、黍离麦秀。他选择专攻词学，落脚是在旧学问，但思想及方法却是鹜新的。

学术研究专门化随西风东渐入华，很快被新派读书人奉为玉律。由于词被视为“诗余”，在传统的观念中，词人远不如诗人重要。唐末以降，诗集校勘辑佚、诗人年谱世系编撰，比比皆是，甚至有千家注杜、五百家注韩柳之盛。但词的整理远不及诗，词人谱牒研究更是罕见。善于填词的夏承焘看见了这片洼地，他决定采取乾嘉朴学与现代实证研究相结合的方法，由史料学、考证学入手，专研词学。这种洞见及打法在当时是鹜新的，这等于抓住了词学的现代转型，预流了现代的学术。

这是时代给民国学人的机会，民国大师辈出，风口因素不可忽略。夏承焘这朵“后浪”在无奈放弃事功入世的同时，就是抓住了这个二十世纪中国学术界最大的风口，从此驾词学一叶扁舟，乘风破浪。学界现尊夏承焘为现代词学奠基人，理由也在此。

长江后浪推前浪，前浪死在沙滩上。词学界的“前浪”，夏承焘几乎都认识，因了谢玉岑，他得识列名“江南三大儒”的钱名山。在夏谢二人的通信里，我们还可看见他与晚清词学巨擘朱祖谋的密切交往。钱名山、朱祖谋，还有当年在慎社就提携他的林鹍翔，当然也包括谢玉岑，走的都是中国旧式读书人的道路。科举花谢，旧式士人立身托命之途改易，从此学问与政治分道扬镳。此后虽有人奋力抓住留学、商业两大转捩点，希冀以绅商阶层继续精英谋国，但终究路断邯郸，无复梦黄粱。

熟悉中国近代史的人知道，邯郸路断起自废科举，但最终形成反曲拐点的是革命军北伐，此后的中国道路取向，从仰赖中上层的社会改良彻底转向动员底层的人民革命。前者现称资产阶级叙事，后者是人民史观。在宏大叙事的人民史观里，这帮宁愿“藏身于衮龙之袖”的前浪是腐儒，更是开历史倒车的政治罪人。

大道朝天分两边，人心难测茫茫然。

王国维一九二七年投河，似乎是预见到了道路从此分向。叶嘉莹认为，在中国近代化的变局中，王国维仅是“一个文化认同混乱时代的牺牲者”，但陈寅恪指出，王国维之死“而非具体之一人一事”，是“以一死见其独立自由之意志”。在《王观堂先生挽词序》中，他郑重写道：“盖今日之赤县神州，值数千年未有之巨劫奇变；劫竟变穷，则经文化精神所凝聚之人，安得不与之共命运而同尽，此观堂先生所以不得不死，遂为天下后世所极哀而深惜者也！”陈寅恪后来还为清华校园内的王国维纪念碑撰写了影响深远的碑文，“独立之精神、自由之思想”点题中国士的精神，并昭示前后打断骨头连着筋的关系。

那时未到而立之年的夏承焘当然无此洞察力，他只是知道，中国人走了千百年的修身齐家治国平天下的路是走不下去了。

夏承焘一日寒夜读《两当轩诗》，和“其集中夜坐韵二首示纯白”：

萧条书剑伴行縢，旅舍人稀冷似冰，
枕上功名销短梦，天涯归思聚孤灯。
扶头酒醒杯浮螘，拥鼻诗成字写蝇。
季子客裘今更敝，夜深寒重恐难胜。

“夜深寒重恐难胜。”夏承焘自知不如陈纯白、梅冷生等善于腾挪，所以先退了。这是他的无力自知，不是他的有方预觉，但命运往往犒赏愚拙者。

开过一九二七年站台的中国号列车，添上新文化运动、五四政治运动、民族主义运动等新燃料后，速度明显加快。从洋务自强、甲午变法到北伐革命，晚近中国先后师从过欧美、日本、苏俄三个老师。多歧亡羊、多方丧生，此时国人表现出的激进及隐藏于后的焦虑与迷茫宛如洛夫在一首诗中所叹：“漂泊的年代，河到哪里去找它的两岸？”

好在这些年夏承焘都躲在词学的小舟里，暂时忘记外面的风雨。一九三五年，夏承焘给仍在四方奔走的梅冷生填了首《减字木兰花 寄冷生》，并“寿冷生四十”：

梅边笛里，冰雪相看人有几？
商略行藏，坡颍平生愿未忘。
名山计稳，我亦乐闻人隐遁。
卿法何如？已倦飞腾可著书。

“梅边笛里，冰雪相看人有几？” 夏承焘对梅冷生的才学是很推崇的，他曾说：“友人中有二人，天资境地，可致力问学，玉岑困于病，冷生困于交游，殆天靳之。”（夏承焘一九三〇年十二月二十三日日记）因此，他想劝他“商略行藏”。

次年冬天，跨过不惑之年的梅冷生应章太炎女婿朱铎民之邀，远赴陕西省民政厅任秘书，不料抵陕不久即遇西安事变，“一夕渔阳鼙鼓，成败亦匆匆”（夏承焘是年寄梅冷生《水调歌头》词中句）。陕变后，壮志未酬的梅冷生黯然返浙，出任省政府会计处秘书。不过这个职务他也没干多长，不久就折回温州了。梅冷生到此应该已意识到官绅之路不通。“卿法何如？”夏承焘早劝他“已倦飞腾可著书”。梅冷生在晚年的一份口述中也提到林鹍翔对他的提醒：“当时我正发投机热，并不觉得林老师对我的实心教诲。乃至一九三九年，林病逝上海，夏承焘快信告诉我，我特地约集社友和地方人士，在词人祠堂旧址为他开了个追悼会，此时回想起他的话，不禁淌下泪来。”

林鹍翔其实是一九四〇年一月去世的，梅冷生写了首《水龙吟·挽林铁尊先师》：

> 夜台应敛繁忧，湛冥倘胜人间世。劫余江表，流离哀赋，兰成暮齿。沧海观樱，乱红迷眼，卅年弹指。纵桑田留命，尘扬已见，谁相惜，伶俜意。
>
> 别泪东山曾洒，只遗黎、犹怀词吏。官书然烛，郊春行陌，倚声余事。我更悲来，深恩负尽，文章知己。剩飞吟猿鹤，神弦一曲，仿罗池祀。

一九四六年，陈纯白离开杭州前与妻子合影（陈氏后人提供）

“我更悲来，深恩负尽，文章知己。” 理解了以上背景，我们才能读懂“白首书生”字里行间的意思及后来的道路抉择。一九四一年二月梅氏出任旧温属联立籀园图书馆馆长，回到故纸堆。他在温图馆长任上坐了三十五年，直至生命终点。这是一份迟到的觉悟，更是一份醒来后的执着。

四十年代，抗战军兴，救亡图存之声臻于鼎沸。陈纯白此时辗转在杭县、余杭等地任县长，一九四三年十月任杭州市市长。作为警界正途出身的才俊，其间还组织杭县警察大队、联防总队和特务总队，投身抗日。抗战胜利后，本以为能稳坐杭州市市长，不料宦海浪多，前任周象贤班师回朝，他反退任浙江省警察局局长。一九四七年八月，不知为何，他调任永嘉县县长，寂寂还乡，次年十月再调任乐清县县长。

“名山计稳，我亦乐闻人隐遁。”自“严州之悟”后，夏承焘就潜心词学，虽然思想仍有起伏，但终没有再付诸行动上的折腾。其间也遇见过胡兰成、龙榆生，后者更成好友，但没再追随仕途。他完全淡出政治，一九四八年十一月致函吴闻，“大时代将来临，切勿感情冲动过度”。

一九四九年五月，温州和平解放。此后的陈纯白便消失在时代的急流里。《永嘉历史人物》记录他解放后执教于上海私立江淮中学。（黄正潞：《“布衣县令”陈纯白》，载《永嘉历史人物》，永嘉县政协文史委员会一九九一年编印，第一七三页。）他终于也回到了书斋，只是不知在夜阑人静时，是否还记起自己青春作赋时写下的诗句：

季子蹻幐敝黑貂，高歌青眼太无聊。
家乡回首今千里，风雨怀人又一宵。
似水年华伤老大，飘零身世感萧条。
干戈满地苍生泪，愁听雾淞旦暮潮。

夏承焘一九六二年在杭州

晚年梅冷生

五十年代“镇反”时，陈纯白在校受人检举入狱，亡于一九六〇年。我翻遍夏承焘一九六〇年的日记，没见一笔提及这位永嘉旧友、莫逆之交的死去，他们应该是早断了联系。

其实一九五〇年后，夏承焘与梅冷生也来往渐稀。一九七六年七月二十八日，唐山大地震，北京有强烈震感，夏承焘与家人离京赴洛阳避震。在京洛道上，他听闻了梅冷生去世的消息。他即填了首《减字木兰·得冷生噩耗，京洛道上做》，以示悼念。词牌还是《减字木兰》，与上文提及的一九三五年所赠寿词同调。旧调可弹，人事已非。

滩声七里，牙旷知音今已矣。旧梦低回，白月烟篷访钓台。

江湖迟暮，不分邯郸寻梦路。莫话黄粱，绕枕风雷过太行。

梅冷生一九七六年七月十日谢世，没能等到“文革”结束。他晚年沉疴卧床，怵目世变，破例吟唱不辍，似有“老子到处说”的酣畅与释放。据说曹禺一九八〇年冬访温，偶然见到梅氏油印诗集，“大吃一惊，说温州文人胆子不小，竟在文化大革命写感时诗”。（梅之芳：《劲风阁主的道德文章——忆我父梅冷生先生》，载《梅冷生集》，潘国存编，上海社会科学院出版社二〇〇六年版，第三六四页。）

前波到此方呜咽，后浪依前作许声。

不久前刷屏的《后浪》里，有一句煽情的台词：“你们有幸遇见这样的时代，但是时代更有幸遇见这样的你们。”

我们总遇见大的时代，这不知是国人的幸还是不幸？

二〇二〇年八月下旬初稿，九月十七日改定

慎社史三题

——读《梅冷生师友书札》

张元卿

近来，卢礼阳先生编注的《梅冷生师友书札》（浙江古籍出版社二〇二〇年一月版）成为朋友圈热议的一本书。梅冷生虽是温州名人，但毕竟是地方人物，他的师友基本都是当地人物，要为这些书札做注，非常不易，就人物小传而言，就很难写，但礼阳先生却给很多不知名的人物写出了小传，把他们和梅冷生之间及他们之间的具体联系钩稽了出来，多侧面地展示了梅冷生朋友圈的历史生态，为读者了解现代温州的社会风貌提供了一个“梅冷生视角”。礼阳先生笺注史事不遗余力，不仅说明本事，也适当补充相关史料，满足读者延伸阅读的需求，有时又把信中未及展开的内容做简单提示，有的地方还写下自己对史事的针砭，因此，这本书还潜藏了一个“卢礼阳视角”。这两种视角并存，就会激发读者探究的欲望。

这本书收各类书札两百零八通，其中与慎社、瓯社有关的不下九十通，书末还附录了《慎社社约》《慎社交信录》和《瓯社词钞姓氏录》，显然关于慎社、瓯社的史料是这本书最有特色的部分，也是最能成为话题的部分。我循着“卢礼阳视角”看慎社、瓯社的历史，发现有三个话题值得关注，下面试做探研，也借以展示礼阳先生编注的苦心。

永嘉新学会与慎社

一九二〇年五月三十日，梅冷生与友人创立慎社，不到一年，社员就达到八十七人，成为温州当时最大的社团。梅冷生《慎社与瓯社》写道：“那时永嘉已成立‘新学会’，主要会员系北大、南高师两校学生，我也不再邀请他们参加慎社，只有谷旸（寅侯）两个团体都参加。”这说明当时温州还有一个永嘉新学会。

一九一九年八月，姜琦与郑振铎、沈卓民等人在温州发起组织“永嘉新学会”，提出“改革旧思想，创立新思想与新生活”的主张。这个历史事件通常被认为是温州籍学子对五四新文化运动的积极回应。一九二〇年一月，永嘉新学会会刊《新学报》创刊，姜琦在《发刊辞》中认为“‘永嘉学派’之精义，在于即体即用，……与近今美国之实用主义（Pragmatism）若合符节”，然而“经制之学”仍“不免陷于墨守成法之弊”，故当“采取美国‘实用主义’，以药我‘永嘉学派’之病”，进而“使新旧学术融化于一炉，铸成一种学说，以谋适用于今日实际生活也”。

永嘉新学会会员共七十三人，人数上略逊于慎社，声势却很强。当时《新学报》发表的《知识迷信及信仰》《中国妇女解放问题》《破除社会阶级》《俄罗斯文学的特质及其略史》等文章，与新文化思潮一脉相承，很有冲击力。《新学报》还大量刊登新小说和新诗，把白话文学运动推广到了温州，很有新气象。慎社是在这样的社会环境下，迎着对

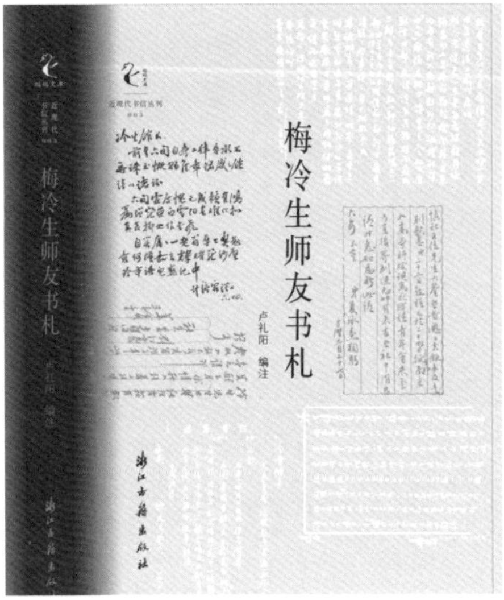

《梅冷生师友书札》封面

立面永嘉新学会而创设的。

慎社提倡继承南宋“郑、薛、陈、叶”之学，希望“穷经制之造诣”，“获臻实践之境”，以文章气节相砥砺。一九二〇年十二月，梅冷生在致高吹万信中更明确指出：“储石（薛钟斗）平生极思表彰桑梓文献，以阐扬永嘉学术，……此最为仆所佩。盖郑、薛经制之学，自有千秋，发挥而广大之，足以经国。”这说明慎社和永嘉新学会都将永嘉学派视为自己的思想资源，希望在实践中有所弘扬。只是慎社的做法是通过表彰桑梓文献来阐扬永嘉学术，永嘉新学会却想引入美国的实用主义来改造永嘉学术。也就是说在面对如何弘扬永嘉学派的问题时，慎社并无新的思想资源，永嘉新学会却有西学之助。徐佳贵《乡国之际：晚清温州府士人与地方知识转型》指出，“新文化”在温州初期的传播，“既有响应又有抵制，而抵制亦不纯是来自老辈士人”，还有慎社的一批年轻人，其中就年岁而言，梅冷生和薛钟斗比胡适还小，可慎社的论学旨趣却明显偏“旧”。可梅冷生这些年轻人并不惧永嘉新学会，而是积极吸纳社员，举行雅集，出版《慎社》，相信他们也能有所作为。梅冷生在《和邑宰休宁汪楚生》中自信地写道：“当世竞骛新，慎社偏汲古。”

骛新与汲古并存，正是那个时代的特色，不仅温州一地如此。

然而，骛新与汲古不只是永嘉新学会与慎社之间的分野，也是这两个社团内部存在的问题。永嘉新学会内部有两股力量，一是温州本地的新式教育人士，一是返乡的温州籍高校青年。前者骛新，却不激进，希望适当汲古，以成新永嘉学派；后者意在“改造社会”，视汲古为倒退。就“改造社会”而言，两者的理念基本相同，但在实践层面，即如何将“改造社会”的理想落实成改造“地方”的行为，却有较大分歧。永嘉新学会在一九二〇年底结束，表面原因是核心人物姜琦离温，深层原因则是内部两股势力无法再在一起改造“地方”。

同样，梅冷生虽说“慎社偏汲古”，但在当时如何汲古，如何把汲古所得呈现出来，服务当下，其实也是一个骛新的问题。梅冷生当时似乎还未意识到汲古也须骛新，夏承焘却感觉到了骛新的迫切性。礼阳先生在夏承焘致慎社社友的前言中写道：“夏承焘外出他乡，对慎社活动旨向，依然十分关切，他曾致信梅冷生提出自己的主张。日记一九二四年二月十二日透露：‘灯下作复冷生书，言慎社不可注全力于社刊一局部。结集数百人为一团体，须为地方上做一点事，免使人讥我辈为风雅闲人。’”此处，礼阳先生征引夏承焘日记，应是看到夏承焘抓住了骛新的问题，“须为地方上做一点事，免使人讥我辈为风雅闲人”击中了慎社要害，希望读者从这个角度去理解夏承焘与慎社社友通信的深意。

从“为地方上做一点事”的角度来衡量永嘉新学会与慎社，就会发现慎社不如永嘉新学会。永嘉新学会成立后曾在温州三港庙戏台、县城隍戏台面向社会讲演《夏令卫生大要》，还曾在仓后戏台讲演《传染病之预防法》。据说这是温州民间最早的现代卫生知识宣传。此外，永嘉新学会还办过平民学校、商业速成夜校。而慎社主要活动是雅集，未能找到服务社会的着力处，与永嘉新学会相比，难免会被讥为“风雅闲人”。

一九二〇年七月，叶景辉致信梅冷生，认为倡组慎社是一盛举，“永嘉学派从兹复活，不仅做吾侪一时消遣计也，进而求之，厥功伟矣”。礼阳先生在信末加按语：“这是作者期待，也是梅冷生与社友的心愿。他们计划编印慎社丛书，设立社所，可惜因为人事变迁，薛钟斗早逝，梅冷生膺选省议员，夏承焘外出游学与求职，等等，最后未能如愿。”慎社星散，未遂初志，最重要的原因当是梅冷生离温去做省议员，导致群龙无首，自然涣散。但深层原因恐怕是以盟主为核心的传统社团不适应现代社会的要求所致。慎社表面看人多势众，但实际上是围绕梅冷生这个盟主形成的松散社团，其内部结构由书记、会计、庶务三部组成，并没有一个真正的业务部门。而这个业务部门是调适汲古与骛新，与地方文化建设接轨的重要机构，没有这样的机构，要为地方上做一点事，就没有计划，也没有具体操作的人手。一旦盟主离开，没有这样的机构支撑，没有制度保障，这个社团也就难以为继了。

在一九五一年梅冷生致方节庵信后礼阳先生加有按语：“此通手札为八行笺，上方印有‘慎社用笺’四字，时隔三十年之久，仍有保存并使用，足见作者对慎社思念之深。”礼阳先生很注意书札的来源和格式，此处通过“慎社用笺”来解读梅冷生心境，是用细节说话，令人信服。想来“慎社用笺”不仅承载着思念，也还有未能如愿的遗憾吧。

温州的官吏、士绅与慎社

官吏和士绅是地方上重要的政治力量和文化力量，把控着地方政治文化的发展方向，也塑造着地方品格。要在地方成事，必要得到当地官吏和士绅的支持。梅冷生深谙此道，成立慎社后广泛接纳当地官吏和士绅，想以此壮大慎社，也想借此“形成地方上一股政治势力，扩大影响，冀能爬上绅士地位”。他在《慎社与瓯社》中写道：“《慎社》第一集刊行后，引起温属六县人士的注意。此时永嘉人吕渭英（文起）适自广州省银行卸去行长职归来，经王毓英介绍加入慎社；青田人杜师预（左园），平阳人刘绍宽（次饶）、王理孚（志澂）、姜会明（啸樵）、黄光（梅生），永嘉人陈寿宸（子万）、王朝瑞（廷谔）也先后加入。这些人均系各县大绅士，一旦加入慎社，慎社声誉鹊起，要求入社者顿增。”后来，瓯海道尹林鹍翔（铁尊）也加入了慎社。

慎社社约四：社友每年须纳常年费一金。如缴特别捐助至十金以上者，得为名誉监事。这些士绅入社后，既捐钱又做事，对慎社发展帮助很大。黄光一九二〇年八月致信梅冷生并附上“大洋三元，作为慎社捐款”。吕文起为《慎社》第二集作叙，又给慎社捐了特别捐三十金。杜师预为《慎社》第二集题签，还推荐其乡人邱翊华、陈益轩、包晶波入社。姜会明一九二〇年八月致信梅冷生并附上四金做特捐。在信末礼阳先生加按语指出，《慎社》第三集卷首社友特别捐题名有姜氏捐款的记载。这无疑是在提醒读者注意士绅与慎社的关系。

梅冷生晚年坦言他能当上省议员，是得力于林鹍翔的大力支持，和慎社、瓯社个别社友帮忙。此处的“个别社友”显然是指有较大社会影响的士绅。

林鹍翔在任期间加入慎社，后又倡立瓯社，极大地提升了梅冷生在当地官绅中的声誉，可惜梅冷生后来“沉沦于官场商场之间”，一度丧失了创设慎社的文化抱负，让林鹍翔非常失望。一九四〇年林鹍翔去世后，梅冷生作《水龙吟·挽林铁尊先师》，其中有句云：“别泪东山曾洒，只遗黎、犹怀词吏。官书然烛，郊春行陌，倚声馀事。我更悲来，深恩负尽，文章知己。”一九四一年梅冷生出任籀园图书馆馆长，提出“守旧还要谋新”的办馆方针，开启了征集、收藏乡邦文献，利用图书馆服务社会的事业，使慎社时期表彰桑梓文献、阐扬永嘉学术的旧愿有了具体落实的平台。梅冷生能离开官场商场，再次投身他热爱的文化事业，与林鹍翔的失望和去世对他产生的刺激不无关系。

梅冷生当初创办慎社，希望“形成地方上一股政治势力，扩大影响，冀能爬上绅士地位”，说明他办慎社是有政治目的的，这是他争取当地官吏和士绅入社的心理基础。从其师友书札来看，和梅冷生想法近似的社员也有不少。如一九二〇年七月，陈纯白致信梅冷生，认为“吾辈所创之社，名为以文会友，然亦不可不具活动社会之思想。时局若无大变化，己未系势力必定扩张，他日有事，亦可为吾社之臂助也”。己未系，即己未俱乐部，成立于一九一九年春，是以徐世昌为后台，以靳云鹏为中心的一个政治团体。一九二一年五月，陈纯白致梅冷生信写道：“今晚靳翼青总理在东方饭店招宴报界代表，弟亦在被邀之列。以吾瓯人眼光观之，可谓不大出风头矣。但吾人志岂屑在是，所以愿与周旋者，盖为将来谋活动之地位，非他人所知也。”梅冷生接纳当地官吏和士绅，也是“为将来谋活动之地位”。后来当官绅之路不通，无心用世，夏承焘劝他“已倦飞腾可著书”，梅冷生“尽悔前非”，只是一觉醒来慎社早已不在。

慎社的兴衰，反映出这样一个问题，即在地方还存在士绅这一阶层的前现代社会，传统的文社可以因士绅之助而成事，但当“地方”要向现代社会转型时，传统的文社该扮演怎样的社会角色，它和传统书院、私塾等承载传统文化学习、研究与传播的机构如何重新定位，找到汲古开新的位置，是当时整个社会都面临的一个时代课题。慎社既想复活永嘉学派，不仅做文人间一时消遣之计，进而设立社所，编印慎社丛书，这样的宏愿是把传统文社和现代的研究所、图书馆、印书馆的职能都综合到了一起，这不免让人想到商务印书馆，显然这宏愿不是单纯的文社所能承担，即便得到官绅的支持，文社主要人物没有完成思想的现代转型，没有明确的文化定位和适当的商业操作，也很难走得坚实长远。反之，若坚持只做传统的文社，只是小范围的文人雅集诗文交流，不去承载什么复活学派的重任，也能在现代社会较长久地存活。这样，我们可以看到慎社和瓯社恰好走的是这两种模式，而瓯社存在时间超过慎社，这说明在“地方”走向现代的过程中，因当时整个社会生态是多元共生，因此传统文社和现代文社都有存在的理由和发展的空间，关键看有历史机缘时当事者如何定位，如何操持。

慎社、瓯社的诗钟雅集

诗钟起源于清道光年间，一般认为先起于福建，流行于闽粤，后传至京师三吴，渐至南北各地，至今闽台等地还有诗钟活动。

一九二〇年八月，宋慈抱致信梅冷生，谈《慎社》出版体例，认为内容可分政治、学术、记载、文艺和附录五门，其中附录仅刊谈屑、谐著，或诗钟、竹枝词等，就已关注到诗钟，将其纳入慎社活动范围。同年八月，在姜会明致梅冷生信末礼阳先生按语写道：“不久，作者与梅冷生假座如园举行慎社社友小范围雅集。夏承焘民国九年庚申日记八月初三日（一九二〇年九月十四日）：是晚平阳姜啸泉会明、梅冷生招赴如园诗钟雅集，四时半往，乃只作壁上观。六时又蒙筵待，同席有曾公侠、翟楚材、王梅伯、徐秋桐、徐心存、郑昂青、金南庵及予十余人，郑姜门以事先去。席间谈笑颇趣，九时半方归家也。”这则按语提醒读者从诗钟的角度来观察梅冷生及其朋友圈，能从细微处感知他们的日常生活和秉性才情。同时，这则按语也说明慎社内部常有诗钟雅集，故一九二二年夏承焘致信梅冷生询问：“近有作诗钟否？”礼阳先生在此信末加按语道：“关于诗钟创作，作者未刊稿《书卷养寿室日注》民国十七年一月廿七日记载：‘与止水诣冷生，方举行诗钟会，晤曾公侠、翟楚材、谢立珊、李葛夫、汤楚臣、杨淡风、徐辛历十余人，予成一卷先归。’以下追叙缘起：‘诗钟社起于民国十年间，予出门后消歇半载，李、徐、汤诸老赓续至今五六年不辍，此亦所谓艺术生活，然雅兴逊前远矣。’”一九二八年慎社已不存在，夏承焘所说的起于民国十年间的诗钟社或许是梅冷生依托部分慎社社友组成的诗钟社。一九二一年杜师预致信梅冷生用的是印有“莲社诗钟赠品”的笺纸，这个莲社也许就是夏承焘所说的诗钟社。

说到温州的诗钟社，民国年间最早的可能是平阳诗钟社，至一九二二年时还存在。刘绍宽一九二二年二月二十五日日记写道：“夜在姜啸樵家为诗钟（延鸿年）三字鸿爪格。陈子琳作云：‘鸿爪十年思结社，兕觥两度视延厘。’因平阳诗钟社倡于壬子年，姜啸樵太夫人年六十，今年七十再祝寿，同人雅集赋此，可谓本地风光。”慎社社员多喜欢诗钟，除姜啸樵、曾公侠、翟楚材等人外，林浮沚也甚喜诗钟，他曾任福建盐场大使，民国初年曾在温州开展诗钟活动，著有《浮沚诗钟》。慎社消散后，诗钟活动转到了瓯社。梅冷生一九二五年正月日记记载了瓯社的诗钟活动：

> 正月初一，“午在瓯社设宴，到者张道尹、郑姜门、王梅伯、瞿楚材、陈仲陶、夏瞿禅、徐秋桐、严琴隐，以‘王、射’二字为诗钟，二唱，道尹命题也”。
>
> 初六，“午饮王永山家，午后赴诗钟会约，徐心存值课，分咏题‘郭汾阳’‘长香’，余作云：‘位业三朝仙富贵，人天一炷佛缠绵’……”。
>
> 廿三日，“午，于劲风阁作诗钟会，到者十余人，冷僧道尹、文起世叔均冒雨至。题为‘渔、火’二字，晦明格，冷公、文老取”。
>
> 廿六日，“午，在于园作诗钟会。‘深、手’二唱，伯明‘元’云：‘深山四月莺声晚，手泽千年蠹简存’”。
>
> 三十日，“午，在瓯社诗钟会。龚雪澄值课”。

此处之所以将一九二五年正月的诗钟雅集情况摘录于此，首先，是想说明当年瓯社的诗钟雅集虽不一定像这一年正月这么频繁，也一定是经常性的。其次，参与雅集的也不全是《瓯社词钞姓氏录》上认定的瓯社社员，如“文起世叔”是吕文起，就不在其中，“冷僧道尹”是张宗祥，一九二五年才到温任瓯海道尹，也不在其中。第三，诗钟雅集固然是以瓯社名义召集的，但爱好诗钟的人很多，实际情况可能是因爱好诗钟而打破了原有的社团界限，使得诗钟雅集具有一定的社交意义。第四，诗钟雅集很能反映参与者之间的关系。如上述雅集中张宗祥不仅冒雨参加，还参与出题，他当时是道尹，一方大员，能与民间人士有这样的交往，足见私交甚好。吕文起是当地名士绅，他在于园家中请梅冷生等人打诗钟，可见关系不浅。从频繁的诗钟雅集也可看出梅冷生与当地官绅关系之紧密。

一九二六年曹昌麟在《华国》发表《东山梅花歌集定庵》，诗前小序云："冷僧道尹偕瓯社诸子种梅于东山谢康乐祠及永嘉词人祠侧，且约花开临赏。"诗中有句"门前报有关山客"，注云：臞禅近自秦返。臞禅，即夏承焘，说明夏承焘参与了这次种梅雅集。这次活动是张宗祥主持，可见他与瓯社社员关系甚好。因此，我感觉瓯社的历史似可分为铁尊时期和后铁尊时期。铁尊时期是以林铁尊为核心，社员都随他学词，词社色彩较浓；后铁尊时期，没有林铁尊这样的师尊，与上海等地联系似乎减弱，社事亦松散，自张宗祥等加入活动后，正式社员似未增加，但社友却有了新人，像张宗祥、曹昌麟皆可视为社友。一九二六年张宗祥离温，此后瓯社逐渐走向结束，但具体结束于何时，目前还不清楚。一九四〇年三月，瓯社同人在永嘉词人祠追悼林铁尊，这是目前所知瓯社作为社团最后的活动。

就在瓯社走向结束之时，一九二八年三月，刘绍宽、王理孚等人成立了戊社，每月一为诗钟小集，活动持续至一九三七年。戊社是诗钟社，刘绍宽在《戊社初刊序》中写道："文字消遣，至于诗钟，细已甚矣。然运思于秒忽之间，取办于俄顷之际，不费长日之功，屡获更唱之乐，古欢聚首，短咏娱心，颇为适之。余与同社诸子，常有'壮不如人'之慨，际此时局更新，日异月化，樗散衰朽，见挝于首，复何为乎？戊辰之春，王生海髯发起为诗钟小集，约共十人，月一聚会，迭为宾主，一岁而遍，蝉联三载，赓续无缺。"能月一聚会，蝉联三载，赓续无缺，足见诗钟虽被视为文字消遣，却很有魔力。刘绍宽一九二九年四月二十六日日记写道："梅冷生、严琴隐等邀集同人于东山书院，祭词人祠及谢康乐祠，推余为祭酒。祭毕，聚饮后同至洋广局作诗钟，题系‘两、图’二字。”梅冷生、严琴隐是瓯社社员，词人祠是瓯社活动基地，按一般说法，此时瓯社早已结束，这次活动似是戊社的活动，但活动既由梅冷生邀集，活动地点又在瓯社故地，更应理解为是瓯社的一次活动。因此，瓯社在张宗祥离温后社集可能减少，但并未彻底结束。

一九三二年梅冷生《买陂塘》词序云：“刘丈厚庄属题《戊社六六清集》，社中人多慎社旧友。即和王海髯词一解为题，予与髯公杭州一别亦数年矣。”这说明当日与梅冷生诗钟雅集的慎社旧人多转投戊社了，时移世变，难免伤怀，故此词首句云“怅盟鸥，榭荒波冷”。

一九七六年张伯驹致信夏承焘，倡议恢复“打诗钟”。这一年梅冷生去世。

二〇二〇年六月十四日于南京寓所

初涉社会第一站

沈克成

一九五九年秋高考发榜，班级里好像只有二十六人上榜，根据平时表现，似乎有点不正常。我们班的录取率不仅比一中、二中低，比四中的另三个班级也低。这对一个各方面表现都很突出的白桦班来说简直是一耻辱。后来听老师挑明，原来当年四中高中部刚恢复，第一届高一招生是林毓荪老师负责。他特意把一些学习成绩好的学生都往自己班里塞，没想到这些成绩好的学生原来家庭成分都不好。但这个苦果他自己没吃着，因为高二时他就被学校请到乡下锻炼去了。

对于我们这些没被录取的学生，政府没有弃之不理，多多少少都做了安排。当时教师队伍缺人，我们这些高中生除了可以教书，还会干什么？中小学的教职要留给师范毕业生，普高生只能到厂校或夜校去。而我更倒霉，连这个份都轮不到，有关部门把我们送到了当时温州最偏僻的山区名曰支教，或曰锻炼，近乎“流放”。

当温州市教育局通知我们去学习时，我才知道我们四中有八个人被分配去龙泉。在八个人中，四位男同学都是高三⑴班的，女同学则来自别个班。我也不知道一中、二中没考上的同学被分配到哪儿去，反正没有比龙泉更远、更高的山区了。或许他们被派到了洞头、玉环等海岛上去了。我们是第一批走的，剩下的则被分配到市内的厂校里去，不需要迁户口。

请看这张照片（图一），还胡吹什么“高吭凯歌，奔向生活”，典型的自欺欺人。这也真不能怪谁，当时的青年学生，就是这个德性。

一九五九年十月，人生第一次离开妈妈出远门。母亲能说什么呢？好不容易把儿子拉扯大，却被无缘无故地送到山区去。但是尽管不愿意，谁又敢说半个不？我记得很清楚，那天去坐车，怕母亲伤心，没让她来送我，弟妹都还小，也不让他们来。我提个旧箱子，背着个铺盖，手里拿着把二胡，就跟同学一起出发了。

先坐四个小时车到丽水，中饭后再坐四个小时车到龙泉，然后一起去龙泉县教育局报到，路上有一位好像是姓季的温州教育局的人带着我们。到龙泉后大家先住下，又组织学习了两天，然后开始把每个人分配到下面的公社去。只有一位叫魏恬若的女同学留在城关，其余都要再出发。梅余春被分配到菊隆，陆光羽被分配到道太，陈开文被分配到庆元，我被分配到梅岭。

第三天，我手持着龙泉县教育局的介绍信，只身坐了两个小时的木炭车，来到梅岭公社报到。已有一位叫叶子高的老师在等我，把我带到离公社不远的山边的一个院子里安顿下来。他介绍说这就是梅岭农林中学，“我就是你的同事”。学校刚刚开办，学生这几天陆续会来报到。叶老师四十岁，自我介绍说是附近一个公社小学的老师，刚被抽调上来。

这估计是一座地主屋，不大，一个院子里有两层楼，中间有个天

图一 下乡前同学合影

图二 学校遣散时留影

井。楼上是住人的，楼下当教室、灶房，还有农具室等。我和叶老师住在楼上西首两间房，东首和中间就留给学生们住。

一个星期内，学生陆续来报到。由公社发文，给每个生产大队分配一两个名额，让他们挑选优秀的小学毕业生来读农中，肯定个个都是好学生。说真的农村孩子就是好，个个纯朴善良，惹人喜爱。所谓的农林中学，其实就是一个班，二十来号学生。

这张照片（图二）是一九六一年三月底拍的，我跟这二十来个孩子一起读书，一起作息，一起种田，整整生活了一年半时间。突然上头一道命令，自然灾害，国家困难，农中一律撤销。他们还没毕业呢，就得各自回生产队种田去了。这些学生有一大半我至今还能叫得出他们的名字，可见感情有多深。我还记得最小的一位女同学叫夏奶儿，这个“儿”要读ni，个子最高的男同学叫罗生儿，这个“儿”要读er。龙泉话很难懂，初来乍到根本搞不明白。

这张唯一的师生合影不是毕业照，是学校遣散时的分别照。站在我身边的不是叶子高，他叫项增寿，也是某个大队的小学老师，他是来接替叶老师的。

很高兴，这张六十年前在山区里拍的黑白照我还保存着，而且还这样清晰。我很珍惜，也为此感到骄傲，它是我初为人师的真实写照。我要感谢我的母亲，是她从小教给我做人的道理。虽然当时只有二十岁，但我带着一群比我年纪更小的学生。既然是老师，就应该把座位让给比你弱小的学生，自己站在后排最不起眼的位置。就像牧羊人，总是站在后面望着走在前面的羊群。

按编制，农中一个班要配备两个教师，一个教文化课，一个教农技课。学校上午读书，下午种田。我这个老师，除了负责文化课外，下午都要跟着学生下地种田，晚上还要管着学生的拉撒睡。另一位老师因为是当地人，晚上一般都回家去了，或隔三岔五回家。我也无所谓，反正学生们对我好，管起来很轻松。

四十年后，即二〇〇一年，我曾经一个人专程跑到龙泉小梅来“凭吊”。农中早已不复存在，房子虽然破败依然还在。

我还特意跑到当年跟同学们告别的地方一个人拍了张照。物是人非，无限感慨。

初到龙泉，开始一个人生活，还算适应。开的课是初中一年级的课程，当然不需要备课。下午的种田我几乎一天也没有落下。一年半下来，我这个五谷不分的城市小孩，已是种庄稼的行家里手了。梯田有二十几亩，离学校挺远，是公社拨给我们的。所有种子、肥料等都是公社给的，收成也归公社，只是给我们当实验品而已。农忙时我每天要扛着铁锄带孩子们去田头，收工后又要把他们带回来。

每天的作息很刻板，白天都跟孩子们在一起，晚上大家睡了后才是我自己的时间：先拉二胡，两腿夹着蛇皮筒；再背俄语单词，然后看自己想看的书。天天如此，月月如此。

其中最刻骨铭心的一件事是，每天晚上我都要竖起耳朵，守着楼下灶房里炉灶上的蒸笼，生怕被学生半夜里偷去吃了。当然这个“偷”字用词不当，因为只多次发生过学生“偷”吃自己的饭，从来没发生过学生“偷”吃别人的饭。孩子们真好啊，哪怕再饿，道德底线还是守得住的。

六十年代开始，粮食已很紧张，我的定量是每月三十一斤，比一般教师多两斤，因为我们要干体力活。学生是没有定量的，由自己的大队分给他们口粮。各个大队的情况参差不齐，每位学生一个月回家一次，把大队分配的粮食带回来，由自己保管着。学校雇了个女工，每天来烧三顿饭。大家都是蒸饭，每人一个茅竹筒，就地取材。每餐都需自己把米放到竹筒里，交给炊事工。开饭的时候各人拿自己的，吃完后再量好第二顿米交上去。水也要自己加好，有的人把水加得多一点，米粒一颗颗就胀得很大很大，这叫眼饱肚不饱，骗骗自己。有时候干脆让炊事员烧两次，叫双炊。总之要变各式各样的戏法，为的是充饥。菜是没有的，大家自己想办法。我三餐佐餐的菜就是拿着板锄上山挖的竹笋或摘的番薯叶，或者去买点腌菜，没有肉，更没有鱼。现在的年轻人根本不理解，每月三十斤口粮不是绰绰有余了吗？殊不知当一个人的肚子里一点油水都没有的时候，会是什么样的感受。感谢命运，让我体会了饥饿是怎么回事。

大部分学生的口粮都是三十来斤。要苦也不能苦孩子呀，生产队干部对孩子都是很照顾的。但有一位叫林学齐的孩子特别苦，每次拿过来的都只有二十来斤。怎么够吃？有时候夜里饿得实在受不了，就偷偷起来把灶里已蒸好的早饭吃掉。这就遭殃了，第二天没饭吃怎么上课？万不得已，我只好把灶子加上锁，这把锁的钥匙就由我来保管。

我在龙泉过了两个生日。在生日那天，我特地跑到街上一家小照相馆里拍了照片留作纪念。（图三、图四）

再记一件刻骨铭心的事。谁能体味一个二十来岁的年轻人吃不饱饭会是啥滋味？我们这个梅岭公社正处于龙泉县和庆元县的交界处，这里曾经是交通要道，所以紧挨着两个镇：龙泉县的小梅镇和庆元县的曹岭镇，后来庆元县撤销，并入龙泉县，两个镇也合在一起，改称梅岭镇，所以这里还有一条五六十米的古街，街上开有一些店铺，其中就有一家饭店。有一次，我路过曹岭街。记得是下午三四点钟光景，店里在卖炒年糕，进去看了看，盘子里的作料有海带，还有一点肉丝，一角五分钱一盘，二两粮票。那天肚子里饿得慌，真想开开荤。但是走过去又走回来，徘徊了好久好久，还是舍不得呀。

图三 十八周岁留影

图四 十九周岁留影

图五 一九六〇年十二月，在梅溪桥头，梅余春和他的同事来跟我道别

每逢寒暑假，我都要回家看看母亲。无论是从温州去龙泉，或是从温州去杭州，“温丽”一段是必经之路。汽车上午从温州开出，中午到丽水都要停车吃饭，这时候经常会碰到去杭州读大学的同学，看着人家高高兴兴去省城上学，我却灰溜溜地跑山区修地球，真是无地自容啊！每次上车我都在默默祈祷，盼车子最好能抛锚，不要正点到丽水，怕碰到同学。

在龙泉这段日子里，除了跟孩子们在一起，有空我就往离学校两三里路、一河之隔的梅岭中学跑。这是所像模像样的初级中学。毕竟龙泉是古代名县，虽地处山区，但历史悠久。梅岭又是龙泉第二大镇，所以办学条件还可以。梅中里有三位比我年长五六岁的老师，据说都是无锡师专毕业的，因为跟“右”沾点边，被“充军”到这儿来。他们都不是本地人，只好抱团取暖。一位叫徐士森，杭州人，正往教导处的位置爬；一位叫范明理，无锡人，就是后来的温州中学的级段长；一位姓沈，名字忘了，后来听说当上了县造反派的头头。他们见突然冒出个年轻的小弟弟，举止斯文，知书达理，都对我另眼相待。那时候他们都还未结婚，所以到了周末，我就跑去凑热闹。校长姓曾，本地人，一点也不热头气，平易近人。到了一九六一年，突然农中要解散，我要失业了。他们建议我到梅中来任教，校长也点头同意。报到龙泉教育局却不批准，说我一个高中生，只能去小学任教，没有资格到中学来。

当我面临“去小学任教”或“回温州失业”两难选择时，有两位女性表态要我留下来。

一位是我最亲爱的母亲，她给我来信说：“吃得苦中苦，方为人上人。你还年轻，吃点苦不是坏事。”

还有一位女性就是我深爱着的她，我高中的一位女同学。虽然这时候我们俩的身份已大不一样，地位也判若天壤，但我还是死乞白赖地缠

图六 二〇〇三年冬，梅溪桥头。当年的木桥已变成了水泥桥

着她，不停地给她写情书，说自己是怎么怎么地爱得死去活来。当我问她该怎么办时，想不到她给我来封信：“别回去，我过来。”原来她在读的杭州师专也在精简。她说：“万一我被精简了，就到你那儿去。”

我在龙泉足足等了一个半月，几位同学都先后回温州去了，他们都来跟我道“再见”了（图五），我还在那儿痴痴地等，苦苦地盼……

二〇〇一年秋，我旧地重游，在学校门前的大溪旁拍了张照，就去庆元探望老同学陈开文去了。我们同来龙泉的八个人，只有开义留在了那儿。他是白象人，温州没有家。在白象，他是地主儿，当年被赶出来，现在无家可归，只能赖在龙泉。

二〇〇三年冬，我与魏恬若相约共赴龙泉。（图六）两个人都已年过半百，都想去看看当年小孩时期度过的那段时光。先去县城到她曾经待过的地方看看，一点踪影也没找到；然后她陪我到梅岭来，见到当年我的住处已是破败不堪。

一辈子很快就要过去了。这里是我初次工作的地方，我怎么能够忘怀？在我写这篇短文时，不由想起了魏恬若，当年的她，跟名字一样漂亮。她出身只是个小业主啊，怎么也会沦落到跟我一样的地步？听说她多年前患了老年痴呆症，已认不得人了。我没去看她，看了反伤心，就留着这张照片作为纪念吧。我们总算同学过，也共事过。她的女儿佳佳见到我时，一直都叫我舅舅。

二〇二〇年五月二十九日

当年温州的文学笔会

刘文起

二十世纪八十年代前后，是文学最繁荣的时期。各级文化部门都在抓文学创作，一九七八年因迎接新中国成立三十周年，中央及省、地、县各级文化部门都成立“庆祝建国三十周年征文”办公室，并都在一九七九年前后编印出版征文专集、专刊。省、市文联、文化局都创办文学刊物。为抓稿源，各级文化单位都办改稿会、作品讨论会，后来都叫笔会。我们温州，先是由地区文化局出面抓国庆三十周年征文，后是地区文化局创办《瓯海》刊物，市文化局创办《瓯江》（后改名《文学青年》）刊物。后来地市合并成立文联，创办的刊物先叫《春草》，后改名为《文学青年》。这期间，省、市、县几乎每年都举办笔会。我因一九七七年就开始小说创作，算是温州地区较活跃的文学创作积极分子吧，故省、市、县举办的笔会大多都能参加，留下了许多难忘的记忆。

温州最早的笔会，大概是温州地区文化局“庆祝建国三十周年征文”办公室主办的雁荡山笔会吧。那好像是一九七七年秋天，在雁荡山灵岩招待所举办的。召集人兼指导老师，我现在只记得叶荣镇了。他那时是征文办公室负责人，又写过小戏，最有资格指导我们这些从未写过小说的业余文学爱好者了。业余作者中我记得好像有方宣清、朱春涛、王瑞金、吴天林、林长产等。因为朱春涛贪酒，那天晚上灵岩招待所停电，朱春涛和我在昏暗的煤油灯下各人都喝了一斤老酒而让我至今不忘。当然，我们几个都是带着小说稿去的。我的短篇小说《美容》的初稿因听取叶荣镇的意见而改得面目全非，连题目都改成了《美蓉》。后来温州地区文化局出了一本《征文选刊》，发表了我这篇《美蓉》，插图还是徐启雄画的。（我因不满意这个改稿《美蓉》，将没改的原稿《美容》寄给《西湖》，在一九七九年第五期《西湖》上发表了。）同时发表的短篇小说，还有王瑞金的《桃花水发的时候》、吴天林的《宝贝》、朱春涛的《莫嫌他》、林长产的《一个贫农的女儿》、孙伟权的《修线路》、陈康瑾的《一个没有留下遗像的人》、张文彬的《吟松》。他们那几篇小说是这次笔会上改的吗？大概是吧。

我参加的第二次笔会，是地区文化局主办的刊物《瓯海》笔会。那是一九八〇年，在雪山招待所。领导或指导有吴军、陈又新、沈国鋆、叶荣镇、庄南坡、吴天林、吕人俊等，去的作者除了我，还有王瑞金、尤文贵、朱春涛、林长产、郭剑一、冯大明、陈革新、郑朝阳、王俭美等。我带去的短篇小说是《同学之间》。那时我在温师专平师分校读书，以大学为背景写了三个大学生的故事。根据编辑的意见，我将小说改名为《生命·价值·闪光》发表在《瓯海》杂志上。同期发表的也在笔会上改定的短篇小说还有林长产的《当家作主》、郑朝阳的《菱菱姑娘的喜糖》、项有仁的《花生上市》。王瑞金带去的短篇小说《桃花水发的时候》后来发表在广东的《作品》上，尤文贵带去的短篇小说《第三者》后来发表在安徽的文学丛刊《清明》上。我的短篇小说《同学之间》被前来组稿的浙江

温州地区文学作品讨论会留影

一九八六年，温州市文联小说创作理论讨论会合影于雪山

文艺出版社主办的大型文学丛刊《东方》的编辑白刃先生看中，叫我扩充为小中篇，改名为《三个大学生》，发表在《东方》一九八一年第一期（创刊号）上。除小说外，这次笔会上还出了个笑话，是唐湜先生的笑话。说王瑞金带了小女儿来，那天小女儿正在吃苹果，唐湜先生来了。王瑞金笑着对女儿说：你这苹果让唐爷爷吃，好吗？小女儿开头舍不得，后来看看爸爸好像是戏说客气讲吧？就把苹果递给了唐湜先生。一般情况下，大人都是假装吃一口而把苹果原封不动地还给小孩的。谁想唐湜先生童心未泯，接过苹果真的吃起来了，王瑞金的小女儿一看，“哇——”的一声哭起来了。这笑话流传至今，成了唐湜先生的轶事之一。

另一次笔会，是温州市文联在文成举办的笔会。那是一九八四年夏天，在文成石垟林场举办的小说笔会。温州各县去了许多业余作者。乐清县有我、许宗斌、刘瑞坤；永嘉县好像有陈康瑾、林成行、邢建华；文成县有项有仁、邢坚成等。召集人兼指导老师好像是庄南坡、吴天林等。省里的文学刊物《东海》《西湖》也有编辑来。我记得那次笔会很宽松，气氛很活跃。有讲座，有作品讨论，然后是作者修改自己的作品。在这次笔会上，我写出短篇小说《梅龙镇三贤》，发表在省文联主办的文学杂志《东海》上。这是我“梅龙镇系列小说”的发轫之作，此后每年我都写两三个以梅龙镇为背景的短篇小说发表在《东海》《西湖》《文学青年》上。这样写了一二十个短篇，一九九五年结为小说集《梅龙镇三贤》，作为吴越风情小说书系之一由浙江文艺出版社出版。石垟林场笔会出了许多好作品，许宗斌写的《秋叶红了的时候》后来被选为中学生读本；刘瑞坤微型小说集《爱的诱惑》中的好几篇都是那时写的。邢坚成出版的长篇小说《三等小县》、陈康瑾发表在《江南》上的报告文学《他，没有在漩涡中沉沦》、林成行发表在《东海》上的短篇小说《分秕谷》以及项有仁的一些短篇小说，大概都是那时写的或修改的吧。

再一次的笔会，是二十世纪九十年代在雁荡山举行的。主办者是温州市文联，参加的都是各县具有较高写作能力的作者，有乐清的倪蓉棣、张文兵，泰顺的吴祥生（吴玄）等。温州市文联由我和叶坪参加。会议还特邀《上海文学》小说编辑张斤夫来讲座。会上，大家写出和修改了好几个短篇小说。张斤夫只看中倪蓉棣的《误班》，后来发表在《上海文学》杂志上。这是温州作者第一次在《上海文学》上发小说。这次笔会后，倪蓉棣还在《小说界》《钟山》上发小说稿，是温州作者中发稿最多、发表刊物级别最高的作者之一。

这次笔会上，还出了一段笑话。

现为《西湖》主编的著名青年作家吴玄（吴祥生），那时还是泰顺文联的秘书长。雁荡笔会的一天，他突然肚子疼，就到雁荡卫生院看病。看病时吴玄要医生开什么什么药，不要什么什么药，颐指气使，弄得医生不高兴。后来医生急了，说：你是医生还是我是医生？还不听我的？吴玄说：你吃药还是我吃药？还不听我的？两人说着说着就吵架，吵着吵着医生说要打架。吴玄说：打架就打架，不过今天不打明天打，今天我生病。医生说：你给我等着！吴玄说：来吧！我住烈士墓招待所，不来打我你不是人！医生说：我不带人去打你我不是人！

吴玄回来后把这事跟大家说了，大家都吓了一跳。我特别紧张，因为我知道，雁荡山的村民心很齐，一人与外地人打架，全地方人都会帮着打，越打帮的人越多，外地人在这里没有不吃亏的。我正愁着，大家正急着，叶坪挺身而出，说自己去当说客，看看能搞定否。叶坪走后，大家还是很紧张地等着。等了半天，叶坪回来了，一脸轻松地说：没事，不打了！我们问他怎么解决的。他说：赔小心说软话呗！

这事现在想起来还后怕。如果真打起来，一场恶仗之后，玉石俱焚，还有日后的名作家、名编辑吴玄吗？

除了雪山、雁荡山外，市文联还在平阳的南雁荡、瑞安的桐溪、泰顺的乌岩岭办过笔会。每次笔会都有一二十人参加，每次都能改出好作品来。

那时的笔会很多，除了市文联的刊物举办笔会外，省文联的《东海》杂志、杭州市文联的《西湖》杂志、《浙江日报》的“钱塘江”副刊每年都要举办一两次笔会。我参加过《东海》的宁波天明山笔会、《西湖》的临安青山水库笔会、《浙江日报》建德钓鱼台笔会。还有县里的笔会我都参加。我发表的小说大多都是在笔会上写的或修改的。现在想想，笔会真是个好东西。它给作者提供创作的好环境，让你产生灵感，让你才思泉涌。比如在《东海》的一次笔会上，一个星期我写出两个短篇小说。另外，笔会上还可讨论作品，可根据刊物编辑或别人的意见把作品改得更好。还有一个，是每次笔会都请文学刊物的编辑来或这笔会就是某刊物办的，这就像订货会或产品加工会，作品就有定向选择和流向，好作品就像姑娘一样找到婆家了，命中率高。正是这些原因，二十世纪八九十年代的笔会久盛不衰，省、地（市）、县一个一个地接着开。

新世纪以来，笔会渐渐少了，以至于现在都不开了，省、市、县一个笔会都没有了。原因一是文学刊物经费紧张，文学创作不景气。二是文学边缘化，作者队伍萎缩，文学创作只限在一个小圈子内，当年千军万马共过文学这条独木桥的现象没有了。有人说：现在文学刊物的作者都要比读者多。写稿人太多，刊物没人看，还办什么笔会？

可我还是非常怀念当年温州的文学笔会！还忘不了当年笔会上的人和事！

二〇二〇年七月二十九日稿毕

小学时期的回忆

马大正

我无忧无虑的幼年生活，在一座占地九亩，高墙围筑，曲径通幽，四通八达（有五扇通外的门），设有亭、台、楼、池，雕梁漆柱，厅堂悬匾，壁上题诗，古木参天，花卉满园的温州百里坊马氏老宅里面快乐地度过，一直到要读小学的年纪。

在马家大院里，我自己家有一扇向北开出通往朱彭巷的小门，根据当时居住的辖区，我就读的小学应该就在朱彭巷开设的清卫小学。为何称为清卫小学，那是因为该小学由设在附近的环境清洁卫生工会开办，以便于该工会的子女入学读书。

一九五六年，浑浑噩噩的我一直玩到学校要求缴费注册的时候，才从庭院里堂兄们嘲笑的话中得知：凡是清卫小学读书毕业的学生，长大以后都要去环卫处当环卫工人，不是端尿盆，便是扫大街。我一听，便犟着头向母亲坚决表态：不管是死是活，这个小学我是肯定不会去读了。

我的临时严正声明，可把母亲逼得火烧眉毛，百般无奈之下，母亲想到了有一面之缘的沧河小学的徐芝欣老教师。在徐老师的帮助下，我终于高高兴兴地去离家更远的沧河小学缴了学费，注册入学。

沧河巷是一条东西走向的路，路的南边是一条三米多宽的小河，一座座小的石板桥横在河上，南面的住家由桥出入，可谓“小桥流水人家”。此河一直连及城西河，最后通往温瑞塘河，因此每天不断有小船从此河经过。沧河之名是否取自“沧浪之水”，我不知道。创办于一九一四年的沧河小学靠在路的南面，坐落在路的西端，紧临信河街，校门坐北朝南。

温州当时的小学几乎都以庙宇为中心围建而成，据我所知，当时的百里小学、丁字桥巷小学、西城路小学的前身都是。沧河小学前身殿庙（名称已不可知）的四根粗大柱子撑起了一个礼堂，原先摆放至尊大佛的地方铺搭了一个台子，全校学生可以挤在台下听校长的训话。尽管有些同学站立在大柱之后，看不到台上讲话的人，但这也无妨，“我们一天天好起来，敌人一天天烂下去”的声音，照例准确无误地振动每一个学生的鼓膜。

我的皮肤是班级里所有男生中最为白皙的一个，同学们给我取了一个“白羊儿”的绰号，这并非“鼓上蚤时迁”一样的雅号，温州人称谓的白羊儿却是白化病。

当时学制六年，每个级段三个班级，一年级最后因学生过多而增至甲、乙、丙、丁四个班级。我先读的是严老师的乙班，不久便转到徐芝欣老师带教的甲班。

徐老师已届更年，对学习成绩优劣的学生过于“爱憎分明”，常有一种恨铁不成钢的要求。课堂上她会红着脸，咬牙切齿地用粉笔头准确地扔向她认为“该死”的不专心听课的同学。我不属于“该死”之列，

小学毕业时，任世榆（左）、马大正和周时和（右）三人合影

也没有力争上游。尽管如此，小学毕业之后，大家的回忆中徐老师却是最受敬重的。教室里的桌椅板凳没有一样是新的，但这一点都不妨碍我们读书的兴趣，在徐芝欣老师标准的普通话的引领下，我们个个都张大了嘴巴，用近乎呼喊的声音朗读："弯弯的月儿，小小的船，小小的船儿两头尖，我在小小的船里坐，只看见闪闪的星星蓝蓝的天。""秋天来了，天气凉了，一群大雁往南飞，一会儿排成个人字，一会儿排成个一字。"这朗读声差一点就能掀翻屋顶。

学校缺少办公经费，于是连我们小小年纪的学生也被征用参加"勤工俭学"，内容是将淘汰废旧的渔网绳结解开，再将每条拧在一起的网绳重新拆分成两股。冬天是那么寒冷，教室是那么阴湿，许多同学流着清涕，用冻得通红的小手去拆分细细的渔网。下课时学校会派人来收集，然后拿到一个地方去换钱。随着年纪的增大，"勤工俭学"的内容也发生改变，我们有时会分到几只鹅或者一头羊，赶着它们，一步一步慢慢地走过信河街、蛟翔巷，一直到九山的农田吃青草，当然也拔过青草来喂猪。最伤脑筋的莫过于小羊闹起脾气赖着不肯走，温州人叫作"羊儿涩"，于是两个小同学分工，一个在前拉绳，一个在后推小羊的屁股。小羊走路有人拉，还有人推，它走得比我们轻松，而我们早就汗出滋流了。

小学里的课程简单，也好读，半读半嬉，日子也过得挺快，一九五八年我不知不觉读到了三年级。徐芝欣老师组织我们排演"老鹰与小鸡"的文艺节目，在学校里获得很大成功。四年级时，徐老师又要组织我们排演"园丁与树苗"节目。当时同学中开始有男女授受不亲的"觉醒"，我与另外一位男同学因而拒绝参加排演。罢演风波的结果，是被学校大队辅导员刘作中老师找去谈话。刘老师在我们学生眼中是捉鬼的钟馗，拿下我们小鬼绝对不在话下。交谈没过几个回合，我们就在他的威吓下都表示“愿意”参加排演。这个节目最终由学校胜出，推送到学区会演，载誉而归，徐芝欣老师春风满面，风光无限。

一九五八年二月十二日，中共中央、国务院发出《关于除四害讲卫生的指示》，全国轰轰烈烈响应。“四害”指的是苍蝇、蚊子、老鼠、麻雀。要消灭苍蝇，学校布置了要求达到的数量，使用拍子还打不到苍蝇怎么办？我们就在课余时间拿着空火柴盒和镊子到瓯江边弥漫着熏天臭气的牡蛎壳堆放场地（用来烧制蛎灰）寻找苍蝇的蛹，然后交到班主任手中。当然，班主任是绝对不会挨个去核对“战利品”的数量的。一天，老师对大家说，明天全校放假一天，参加全市打麻雀活动。第二天早上，我拿了一个破脸盆爬到二楼的窗外，一到钟点便使劲地敲响脸盆。远处有鞭炮清脆的噼啪声、有锣鼓热闹的敲打声、有洋油箱沉闷的撞击声、有竹竿爆裂的拍打声、有人群激昂的呐喊声，反正整个城市一瞬间沸腾了，所谓的“锣鼓喧天”“人声鼎沸”，莫过于此。过后几天班主任告知，这次打麻雀行动我市总共消灭了多少多少只麻雀。反正我是没有亲眼见到麻雀仓皇逃飞栽倒落地的景象。当年还举行全国性的大办钢铁运动，除了大家捐出家中的钢铁器皿之外，就是洗铁砂——拿一个盘子舀些细砂，放在水中慢慢地摇晃，将砂子洗进水中，留在盘里面的是黑色的铁砂，据说，用这些铁砂就可以炼出钢铁来。过了好些日子，校园里面除了留下几座废弃的土制高炉外，大概只剩一点铁渣。这是我平生最早参加的大型的、全国性的、政治性的运动。

随着年龄的增长，羽翼渐丰的我变得机敏灵活。我在家中男孩排行老三，温州有一句谚语：“三女是貌，三男是豹。”意思是第三个女儿会漂亮，第三个儿子一定“恶”（行为出格，调皮，与杜甫《茅屋为秋风所破歌》诗中的“娇儿恶卧踏里裂”之“恶”意思相同），故有“三豹”之称。我就是三豹，命中自然注定会“恶”。马宅庭院一座靠墙的石头山上种植了一株百年以上的光叶海桐，柱般粗的树身，伞状树冠，盘曲虬干，四月百花盛开，满庭芬芳，九月结果，成熟时裂开，露出深红色种子。就地取材，该树被我们开发成读书的树屋。我可以身轻如猿地上下树屋。美其名曰读书，其实完全就是玩耍。起先还带本书装模作样地上树，以后索性连书也不带了。我还可以攀着一条横出的树枝，荡秋千一样落在一间屋子的屋背上面，踩着瓦片走上二十多米，回到自己家二楼的窗口。

同学们家中的日子都不怎么好过，吃得还算饱，但都吃不好；穿得不暖，都穿得不好。当时每个家庭的孩子都是穿哥姐穿剩下的旧衣裤，我要穿两位哥哥一穿再穿剩下的衣裤，基本破烂。年终节到盼望穿新衣裤，算是一种奢望。国庆节参加游行时，白衬衫、黑裤子都需要向邻居借。我小时没有雨鞋，家中连人手一把雨伞都无法满足，现在还留下当时我在雨天中一路狂奔、跳跃（路有水凼）回家的印象（我中学时期包揽校运动会年级一百米、两百米比赛冠军，就得益于此）。严寒中许多同学只穿单裤，上身也只穿两件单薄的衣服。上课跺脚暖脚、哈气暖手的声音，常常引来老师严厉的目光。当一尺长的冰溜子从屋檐头垂挂下来的时候，下课铃声一响，大家都会争先跑到一爿吹不到冷风又能晒到太阳的墙边，背贴着墙，左右分成两队，各自往中间拼命地挤，希望能将对方从队列中挤出去。一挤两挤，身体渐渐暖和了，上课铃声也随之响起，这叫“轧轧（拥挤，音gá）暖”。班里一位女干部经常穿着有洞的裤子（若在现在，一定算时髦），一位男干部家中的庭院栽满丝瓜，一是可以充当夏蔬，二是用秋天养老的丝瓜络换来的零钱购买新布，由母亲亲手给他缝制衬衫。虽然大家的生活都彼此彼此，但是仍然存在贫富差别。有的同学因获得几元钱学杂费的减免，家长带着同学到班主任面前感恩戴德；有的同学因家中如豆的油灯无法写作业，只好搬到路灯下读书；还有一位身材矮小的同学家中“大蛮阵”（人口多），经济拮据，下午有时旷课，给送丧的队伍擎举牌子参加游行。据说，走一个下午可以收获几分钱。虽则如此区区小事，还是有同学向班主任报告，说某某同学下午未来上课，是因为送丧举牌挣钱去了。多年以后，我看到以英国作家查尔斯·狄更斯《雾都孤儿》为脚本的电影主人公奥利弗·特威斯特也出现在送葬队伍时，感觉他就是我同学的“原型”。

一九五九年读到四年级的我已经十岁，“三年困难时期”开始降临，由于身体开始发育，饭量也变大。因为粮食定量供应，又缺少油、肉、零食，肚子像钻进了妖怪一样，经常有饥饿的感觉。既然粮食定量供应，家中吃饭也要定量分配。于是用家中收藏的空罐头盒蒸饭，每人各吃自己的份，吃完再也要不到一口，结果，罐头里面的饭都吃得精光，到了无须洗涮的地步。枵然空腹难以入睡，母亲想方设法买来芥菜、蕉藕、胡萝卜，晚上九点钟时便能分到一碗吃，吃后才容易睡着。有一天，同学请我去食堂吃晚饭，我高兴万分。回家之后，我兴奋地告诉母亲，晚饭我不需要再吃了，我的心中自然升起一种自豪感，而母亲的脸上只是露出一丝难以觉察的微笑。主粮不够，正餐用蔬菜填充，如米粉用水搅拌，一匙匙放进沸汤里煮，熟成一块一块，叫作“米珠儿”，再掺进大量的小白菜，每人可以分到一大碗。小白菜要长虫，当时的杀虫剂便是含杂质的工业品，散发着酸霉臭味的三六粉（学名六氯化苯，是剧毒物质，进入人体后轻则危害健康，重则致人死亡），菜农只晓得将三六粉直接撒在田里的菜叶上，上市时也不考虑药物的代谢时间，因此，许多小白菜都留着一股浓烈的农药味，即使与“米珠儿”一起烧煮，气味也不能完全消失。气味大的小白菜当然少人问津，但价格自然便宜，因此，我的同学还是有人因农药中毒躺倒在医院里。一天我在百里坊口的路上见到一位扫地的环卫工人，一脸的“青藤色”（温州话），给我带来强烈的视觉冲击和心灵震撼，回家我将此事告诉了家人，留下至今难以磨灭的印象。很久以后，我才知道，这就是《礼记·王制》里面用来形容饥馑引起的面有“菜色”。

小学时候吃的零食十分有限，但也不乏有味，通常是花几分钱从学校旁边的摊儿（小的零售店）里买到。如清明前用酒盏量着卖的牙蛳；夏天用竹筒量着卖的山果子，像破布一样撕着卖的海苔，一碗碗透明爽口的水花腐；秋天浸在盐水瓶中甘甜微咸的棠梨，糖水瓶中酸味带甜的橄榄；冬天木桶中香气温暖的青草豆腐。常年不缺的是成条的甘草和可以掰成若干小块的百草膏。一条甘草，一块百草膏，就可以吸引来一批要好的同学。

读到小学五年级时，由学校毕业不久教语文的胡老师担任班主任。老师穿着一款“跳舞衣儿”（裙子），就住在沧河巷，为人很好，初为人妇。已经学会察言观色的同学会在底下窃窃私语，说胡老师昨天在家又哭过了，因为她的“眼桃”（眼泡）是肿的。以前，我总害怕写作文，因为肚里空空的，不知如何下笔。有一次，我在九山橘园边的水沟里面抓小鱼，结果抓到了小蝌蚪。尚未长出四肢的蝌蚪腹部是透明的，可以清晰看见里面盘曲的肠子，经过一番仔细端详之后，我第一次用心地写了一篇观察蝌蚪细节的文章。老师在作文本上面毫不吝惜地用红水笔又画圈，又写评语。我将这本作文本保存了好久好久，对作文的恐惧症也从此消失。

六年级快要毕业的时候，我约了四位要好的同学准备去拍一张合影留念，费用是AA制。拍照的费用其实一点也不高，大概每人只需出几元钱。我是卖了家中抽屉里攒下的牙膏壳和铜质的毛笔盖（温州话读gǎng）凑足钱的。到了接近拍照的时候，那位请我吃饭的同学居然还是没有凑足钱而自动退出。最后一起合影的只有任世榆、我和周时和三

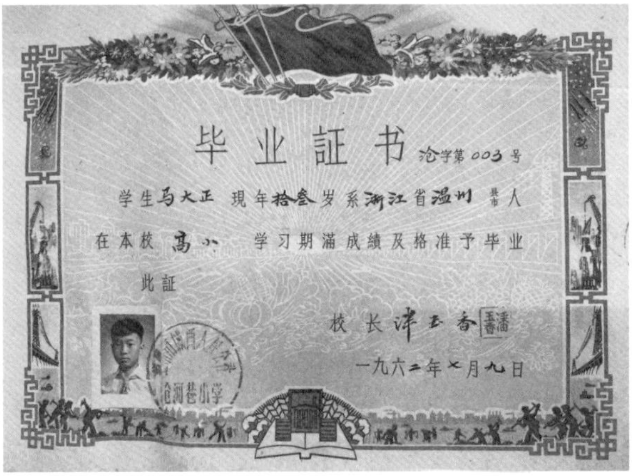
毕业証书 沧字第003号

学生马大正 現年拾叁岁系浙江省温州 县市 人

在本校 高小 学习期滿成績及格准予毕业

此証

校长 潘玉香

一九六二年七月九日

沧河巷小学

马大正小学毕业证书

人。任世榆一直担任班级的干部，周时和的书法写得不错。这是我与小学要好同学自发组织的唯一合影。小学毕业之后，我考入第六中学读书，他们俩考入第七中学。初中毕业之后，任世榆读的是劳动技校，至今仍是我最要好的朋友。周时和下乡插队务农，患了精神分裂症，先是用刀伤害别人，最后用剪刀自尽，结束了生命。

二○○四年沧河小学迎来建校九十周年的喜庆日子，当初混世的我居然与国内著名作家林斤澜列在一起，成为该校的名校友，六张比真人还大的照片张贴在学校的外墙，其中有我的一张。我应邀还写了一首小诗《小鸟天堂》以示怀念：“这里是小鸟的天堂／在晨曦中它们雀跃／在晚霞里它们啁唱／／而今这里飞回了一群老鸟／来寻觅往昔的温馨／因为这里曾是它们依恋的老巢。”

二○二○年六月二十四日

自传

郑空性

我世居乐清之黄花村。少时在家所用之名为嘉胜，进中学时，我父为我取名正，自取字曰空性，后在一九二三年更名建南，一九二七（年）以后则单以字行。妻黄美萼，旧式女子，文化程度低。子祥理，现供职空军训练部编译科。女巧姑，于一九五三年下期进北京医学院，肄业。

我生于一九〇三年。祖与父皆科第出身。祖以医名，所谓旧社会中之慈善家，我及见之。父为戊戌政变时之先进分子，初则热心兴学，继则提倡蚕桑（彼曾毕业蚕桑学校），本乡小学，即其当年所手创。民国初年曾被选为浙江首届省（议）会议员，后见时事日非，遂家居不出，以文史自遣并从事植果养鱼。我家先世富甲一乡，至我父时已趋没落，仅有田百余亩，常过借债生活。我兄弟四人中，彼于我最为钟爱，满望我能打好国学基础，再去学医，以为自立无求，乃处世最好方法。他为人真挚热情，感人至深，为我所深刻记忆，而其没落士大夫阶级之思想，对我亦确有一定的影响。

兹将从小学时期起所有生活之经历思想之变迁，按照年次加以叙述。

我自一九一〇年至一九一三年肄业本乡黄花初级小学，此时体弱多病，知识方面，得之于学校者，不及得之于我父者之多。小学毕业后，自一九一四年起先延施朴香、朱毅夫在家教授中文，计两年。后从倪悟真、郑嘉来专修中、英、算，计三年余。施、郑已故，朱、倪尚在。此时所读以中国古书为多，所谓考证辞章义理之学皆略窥一二，英、算二者，亦相当于初中以上程度。当时我父之意，希望我再专修一两年直接去考大学，而我因受五四新思潮之影响，对学校教育极为向往，不愿继续专修，遂于一九一九年下期考入省立第十中学（现在之温州中学），肄业，共两年。校长朱章宝（现在北京）为五四运动中之积极分子，在校时对德谟克拉西思想鼓吹甚力，于校政亦多所改革，彼之思想对我确有很大影响。唯我此时尚一心想学医，而且想进协和医学，当时只知该校为国内著名之医校，我因十中功课许多为我所已习，不能满足我之要求，遂于一九二一年下期考入上海大同学院，肄业，一学期。以该校功课太闲，去考宁波斐迪大学，该校以化学著名，后以不惯教会生活，又转考上海惠灵英文专门学校，于一九二三年上期肄业。此时我的英语进步颇大，而思想上亦起了转变，因该校经济学教授金仲文（朝鲜人）对马恩之学说与著作多所引述，使我发生很大兴趣，学医之念至此遂消，转向于学习社会科学。下期考插上海南方大学社会学系，该校为江亢虎所创办，当时江以鼓吹社会主义见称，其中所授功课，乃多系资产阶级之学说，社会学为Lester Ward 、Ellwood等之书，经济学为Taussig、Ely等之书，江本人则宣传其自己新社会民主党之主张。我此时对马列学说之研究极有兴趣，唯此种书籍，当时坊间不易获得，常向日本丸善书局购阅英文本。其时温州人谢文锦（于一九二七事变中牺牲）适自苏联返国，彼为我从兄嘉来之同学，因得时相过从。关于苏联革命之情形及新经济政策之意义，得其启迪甚大。同学中最为接近者有徐伟、刘节、谢澹如诸人。我于一九二四年下期由徐介绍入党，刘现在任教广东中山大学，谢久无消息。唯前读方志敏烈士《可爱的中国》，见附录中提及此稿系由谢转来，想其现当在沪也。徐则于一九二七年任浙江省委书记时被捕牺牲。我入党后曾参加五卅运动及曹家渡内外棉纱厂工人运动，至一九二五年暑期，因校长江亢虎与溥仪通信有复辟嫌疑，由徐、谢诸人发动驱江运动，我亦与焉。结果下期另办国民大学，以章太炎为校长，而我之求学生活亦于是期告一结束矣。

一九二六年一月间，组织上介绍我赴广东汕头担任青年运动，时周恩来任东江行政委员，由其介绍任教广东省立四中（亦称金山中学），校长为杜国庠（守素），现任广东省文教局局长。至一九二七年四月中旬，蒋介石叛变，金中突被包围，大批学生被捕，我脱险后与青年教师及学生跑至乡下一个山上（山名记不起），夜则四出破坏潮汕铁路。因反动派军队有前来包围之说，以枪支甚少、粮食不继十余日，后偕同教师学生，取道揭阳、丰顺转往大浦，与潮汕地委书记罗常培会合，嗣后罗与我往来厦门、永定、大浦之间，从事恢复各地组织工作。

至六月底，罗派我赴香港与省委书记赖先声（玉润）接洽，不料登轮之后，身体发热，抵港后进华南医院诊治。系患伤寒，一卧月余，病骨支离，我乃要求回（家）疗养。道经上海，组织上嘱予精力恢复后，出而主持无锡工运。

抵家时已是八月中旬。回忆当时思想情况，一方面不满于领导上之失策，感觉革命前途之渺茫，消极之念，因之而生；一方面念及壮烈牺牲之旧侣，流离失所之青年，则又蹙然不安，奋然思起，二者交战于中，而卒为前者所战胜，遂不复出。此固由于我意志不坚，认识不够，致对革命缺乏信心，而家庭环境阶级出身之影响，更为重要因素。里居四阅月，有时在家静养，有时则往居楠溪黄田之山寺，以我居乡日浅，平日与人少接触，对我之情形不了解，故得相安无事。

至一九二八年春间，复赴上海访黄药眠（现在北京师范学院任教）。黄系广东四中同事，亦于事变中逃往上海，在创造社任编辑，我因与其分译Labriola的历史唯物论，下期又因黄之介绍，在上海艺术大学任教社会学，同事有李初梨、彭唐、朱镜我、冯乃超、沈端先诸人，后该校被法租界当局取缔，校内发生纠纷，因此于一九二九年春间往访陈卓凡于福建龙溪，陈时为该县县长，我遂以教育局科长名义，在彼处住了四个月。夏间陈离职，我与同返上海，陈为我在广东时所认识之朋友，一九二七事变后，来上海创设南强书店，柯柏年、杜国庠当时均系该书店之编辑者，我与陈久无通问，唯前在报纸上得知伊现系广东方面农工民主党之负责人。我回沪后，下期重返艺大任教，黄药眠亦与焉。乃中途得咯血疾，神经极度衰弱，遂于学期结束前回家，一面疗养，一面阅读中西医籍凡年余。

至一九三一年九月间，中共组织上以牛兰夫妇（第三国际支部负责人）在沪被捕，邀我赴南京设法营救。当时南京经办此事之人为张淮南（冲），而张与我系过去十中同学，交谊甚笃，故以此见托。经过三个多月之接洽，将此事告一段落，我遂返里，仍继续从事医学之研究。

当我返里时，组织上要我在南京方面物色一人，为其搜集军事情报。时我弟建中（黄埔第五期）在南京震旦中学任教官，我以其做事草率，原不欲为其介绍。而组织上急于需要，以为无大关系，只要嘱其小心，遂以此事托之。至一九三二年春间，事为反动政府所觉，我弟逃归，而本地政府不时来扰，因此彼又亡命广东、北京等处，凡两年。我以蛰处家中，烦累不堪，遂于一九三三年上期往柳市小学任教。而我母因此案不得解决，儿子流亡在外，忧虑成疾。

至一九三四年春间，适同村人郑亦同自英返国任南通专员。我父致书托其设法解决，复信谓此事情形不明，只有徐待解决，唯招我为彼办理应酬文字。亦同与我同族，又系少年同学，自出温中后，则来往甚稀，在彼之心目中，认为我乃寻章摘句之书生而已。我当时觉得去固无聊，不去又不好，结果辞去教职，往南通专署任科员。而我母即于是年冬间去世，是时我之心境极为苦痛，对唯识之学用力颇勤，欲借此以自排遣。至一九三五年八月间，郑亦同升江苏省府委员，坚邀我同去当科员。所办为主席陈果夫私人应酬文字，当时主其事者为吴山民，现系共产党员，解放后曾任浙江省人民法院院长。我当时之情形，彼极为明了。至一九三六年夏间，有人向省府告密，谓我兄弟有共产嫌疑，我因此被捕。从事无佐证，又得张淮南暗中周旋之力，旋得释放复职，而暗中监视甚严。

至一九三七年冬间，日寇进犯苏常，省府内迁，得被遣散回里，此时真如脱笼之鸟，快何如之。亦同于抗战期间曾任驻澳洲、伊朗大使，现无消息。

一九三八年上期在家阅读医书，有时为人治病。秋间应友人郑怀谷（两年前任京沪路专员，现病故）之邀，赴沪任教南通学院（因南通沦陷迁沪）。至一九三九年底，因家中被日寇炸毁，遂辞职回里。一九四〇年则在家料理移居事，而我父即于是年夏间去世。

流离颠沛之余，旧疾时发。至一九四一年上期应友人赵竞南之邀，任教本县乐成中学。是年十月初间，应友人张宇衡之邀，赴龙泉充绥靖指挥部秘书，时张以参谋长代理指挥官。经三个月，以释放全扬清与政治处发生冲突，张去职，我亦返里。张系乐清人，黄埔第三期学生，

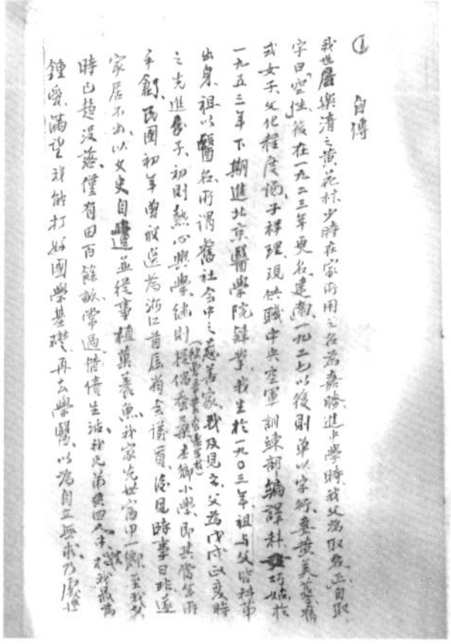

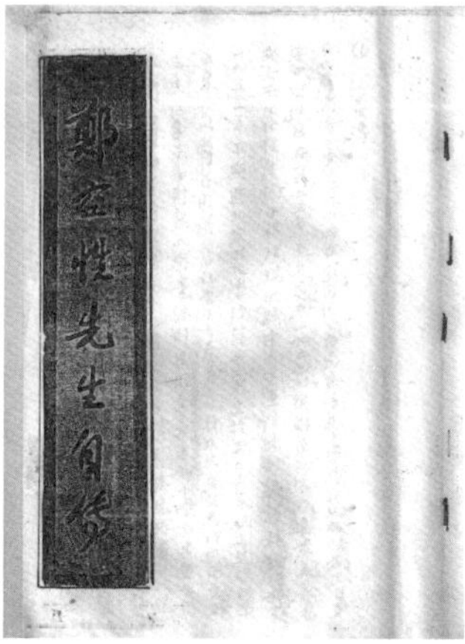

郑空性自传手稿

我于一九二六年识之于广东，在当时黄埔生中，头脑较为清楚，亦颇爱好文艺，以久困幕僚常怀不满。据其所言，彼于西安事件之后，曾偕张淮南到过延安，并见过周总理云云。彼于抗战后期曾做过远征军训练处长，后转而经商，现无消息。

我在龙泉三个月中，所常往来者为浙大分部教授王季思（现任教广东中山大学）。当我离开时，彼拟为介绍浙大任教，我因情形不佳，遂作归计，赋闲在家者计一年。至一九四四年上期，因王季思之介绍在永嘉县中教书，下期应济时中学校长金嵘轩之聘，任教一学期。

到一九四五年上期，避寇乱在家。下期寇退，应友人吴德辉之邀，任教温州建华中学，吴时为教务主任。至一九四六年下期，吴接长乐清县师，邀我同去担任教务。一九四七年上期，就温州校长金嵘轩之邀，连续至一九四九年上期，是年下期转往乐成中学担任教务。至一九五〇年上期乐成中学并入乐清县中，仍继续任教，直至现在。

兹就三十余年来之经历而加以检查，我知道我之思想本质，乃保守改良主义与小资产阶级个人主义之新糅物，而根源则由于我之阶级出身、家庭环境故，以及过去受之教育。故在革命高潮时，尚能激于正义，叛逆自己之阶级而参加革命，一遭挫折，则又悲观动摇，而至于背弃革命。我过去在反动政府做事时，从未加入国民党，此亦书生狷介之见，何敢自矜，所谓直不百步耳。大部分时间都以教书为事，然就其所教之内容（如语文、英语等）而言，亦无非为反动阶级服务。唯在校时对爱国先进青年尚能爱护，此则差堪自慰耳。解放后得两次参加学习改造，从而认识祖国前途之伟大，党的政策方针之正确，以及个人过去之错误，使我一则以喜，一则以愧。今后我当克服黄昏思想，认真学习马列主义并提高其工作能力，以贡献于祖国。此则区区之愿，所敢自矢者也。

（本文约撰于上世纪五十年代末，由王志成先生提供，特此鸣谢）

陈守伦其人其印

金　维

甲申新正初十，即二〇〇四年一月三十日，我应邀参观“九十老人陈云谷书画展”，时群贤毕至，老友云集。在场我得晤久未见面、年已八十九高龄的陈守伦表兄，握手言欢，由衷互祝之余，承惠《陈守伦印谱》（下简称《陈谱》）一册，遂扶之同坐于我的姐夫省文史馆馆员、著名音韵学、古乐史专家郑孟津（西村）身旁暂憩。适该展会主持人市书协秘书长、西泠印社社员、书画金石艺坛上的后起之秀张索贤世侄前来看望我们。他是林剑丹先生高足，亦即金石名家方介堪先表兄的门孙，对篆刻艺术，自属精通。“宝剑赠侠士”，我就将《陈谱》转赠于他，并嘱随手翻阅，评具印艺如何。索侄遂展谱审视，惊叹方门真传，罕与媲美。随之而至，侍于其侧的乐清市书协秘书长林晓林，共与欣赏，赞不绝声，索侄当场告知林君，择期赴乐，同访守伦。

我们参观了云谷老友书画展之后，下午由张索世侄与方介堪先生哲嗣方广强表侄接受了此次应邀前来参观展览的乐清、上海、台湾等地若干位嘉宾的要求，安排他们前往“方介堪展览馆”参观，一饱眼福。我陪守伦同往，为缅怀其恩师方介堪先生生前对他的教导和关爱。

关于陈守伦表兄之一生，为鬼揶揄，坎坷巅连，一言难尽，追思为之泪下。他是我二姨妈陈门沈氏的独生子，出身于温州故郡之名门望族（陈启兴银号，世居大同巷与玉堂里之间的陈氏大宅院内，是温州满城皆知的在古历八月十五日中秋节供出“小摆设”，让全城民众进入院内任情观看的人家。观众自动列队由玉堂里后门进入，自大同巷前门出来。场内人山人海，满耳欢声。我小时曾随邻人去看过一次，当时尚不认识守伦表兄，自然无缘相见）。不幸早丧双亲，其二叔父、母，即陈群宇先生夫妇（也是我的表舅父母）怜其伶仃孤苦，携归自家抚养，视同己出，乃至长大、就学、成才，皆一一亲为照料，养育之恩，不啻亲生父母。守伦能拜方介堪先生为师习印，拜徐堇侯先生为师习画，都是他二叔父为之安排的。陈群宇先生业精财务会计，当时的会计师是了不起的人物，故在社会上层，交往很广。方、徐两位先生都是他的好友。上述诸情，是我成年踏进社会与他们相互接触之后才得知的。这里面的原因也相当复杂，不能用几句简单语言来将它说清，只能容后顺便回忆，随思记叙。

守伦的父母是近亲结婚的（表兄表妹成亲）。这里又要从头说起，我的外婆娶自陈门，守伦的父亲就是她的侄子。我外公姓沈，其次女（我的二姨妈）嫁给其内侄（守伦的父亲）而生守伦，先后双亡。守伦幼失双亲之爱，性情内向，沉默寡言，而心灵手巧、勤学志坚。且生得眉清目秀，人见人爱，随处受誉。惜其运入华盖，怀才莫遇，湮没无闻，殊为扼腕。守伦少时常往舅父家看望几位老人，我外婆既是他的姑祖母，也是他的外婆。我于童年时就在外婆家闻得此情，记忆深刻，惜未与守伦表兄相见一面，故他对我亦从不知情。迨至三十年代，他与我

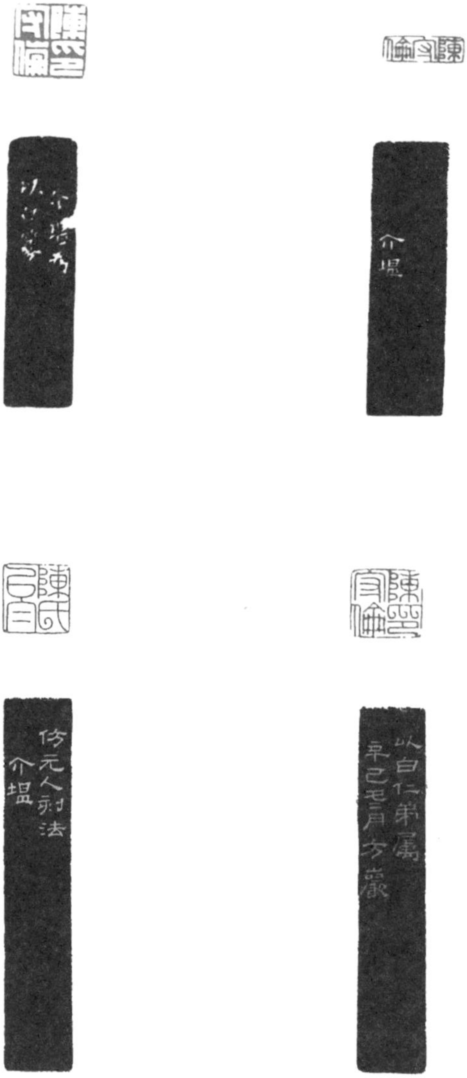

方介堪为陈守伦篆刻

先后考进永嘉县政府地政处（现温州市房管局是其部分前身）后，我们虽在同一个单位工作，但该处机构庞大，部门与人员众多，且各部门工作程序亦较正规，每人每日必须完成自己的工作任务，谁都没有余暇去其他部门“窜门”“聊天”。我与守伦不在同一部门工作，偶有相逢，仅是初识，交往相应不多。旋各为生计奔谋，聚散无常，相逢仍少。大概是在三十年代末的某一天，舅父来我家与我母亲话家常时谈及守伦已往安徽我其堂叔陈仲坚（学名陈承钧，参加革命后隐其真实姓名改为李人俊）处，由其介绍现在安徽屯溪中国油茶棉丝管理处皖南办事处任会计工作，薪水可比温州高等等。我闻之心中为守伦暗喜。此时据闻仲坚表舅父在安徽省财政厅任财务科长，厅长是章乃器，皖南行署主任张治中等政界进步人士，平时与他都有交往。时过不久，间接听到陈家传来“噩耗”，说仲坚（他是我舅父和我母亲的嫡亲表弟）在皖北突然失迹，已有数月，音信毫无。亲朋都为之着急、忧伤。我闻母亲与舅父言谈中为其六舅父（仲坚的父亲）暮年“丧子”，晚境孤凄，忧心忡忡，悲怆不已。但星移半转，时过境迁，阴影渐淡，往事勿忘，十年岁月，如驹过隙。一九四九年初夏，温州喜获解放，万众欢腾。守伦早已回温，偕眷工作于乐清县地籍处。尔时，他已参加了新政权，在乐清县供销社担任财会科长工作。亦在此段时间，突接上海华东军政委员会财委秘书长李人俊的来信，嘱他即赴上海参加新的革命工作。守伦如梦方醒，“失踪”十年、大他两岁、相知甚深、亲情极切的堂叔陈仲坚就是现任华东军政委员会要职的李人俊。喜从天降，事“没商量”，冒昧用旧统治时代在机关学会习惯使用的变换工作岗位的办法，向组织提出“辞职”的报告。刚建立的当地新政权组织，哪能理解既已投身革命，怎可提出“辞职”的怪事？不但不予批准而且还给“洗脑”。这使守伦的思想抵触很大，认为如此普通易办的事情，在这里偏给“为难”。李人俊写过三封催他赴沪参加工作的来信，统统在这里“搁浅”。最后李来信说既已参加了革命工作，彼此都是一样的。因此，守伦就留在乐清，结果枉受冤狱陷害，遭遇非常悲惨！尔后，话分两头。

据报载：李人俊“一九五三年任燃料工业部副部长，一九五五年任石油工业部常务副部长，一九六四年任建筑工程部部长、党组书记。一九七二年后先后任国家计委常务副主任，国家计委顾问。李人俊是我国石油、石化工业的开拓者和杰出领导者之一，一九八三年，他参与组建了中国石油化工总公司，任董事长、党组书记，为石油、石化工作的改革、发展做出了卓越贡献。于一九九九年十一月十七日在北京逝世，享年八十五岁”。

陈守伦留在乐清则山雨欲来，幕巢将覆，一九六〇年二月间，党为改造落后队，加强农村生产的领导力量，下放县机关干部两百余人，守伦也在其中，被带职下放创虹桥区塔读大队（村），同一个组的还有三位县机关下放的干部。正值一九五九年的“经济困难”和全国范围“五风”横行的时期，亩产虚报，征粮实增，致使广大农村缺粮断炊，青壮到水库去做民工混活，老弱在家饿病致死。灾情为省委所发现，立即部署了“反五风斗争”。乐清县委领导班子自知“五风”严重，死人罪责难逃。当时守伦等四人所驻塔读大队，一村死亡三人。死人事件，必须查惩。县领导星夜呈报批准此四名干部一人死刑，一人死缓，守伦为无期徒刑，另一人为徒刑十五年。经上级审核，证据不足，予以驳回。直至一九六二年七月二十七日，蒙冤坐牢两年零两个月的陈守伦，莫名其妙地被以“保外就医”的名义释放回家。人虽归，家临毁，九口之家，嗷嗷待哺，涸辙枯鳞，几濒就釜。守伦在如此惨境中百般无奈，来温求计于我，我沉思良久，为筹赴京旅费，建议立即投奔李人俊处诉述冤情，冀求解脱，另谋生机。他回家后迫于贫困，留款部分先济家中急需，改用邮鸿，向李申诉，望有佳报。信去多日，杳乏回音。他又来温找我，一见面我惊问何未启程。他说去信未复。我长叹贫穷不第令人智昏一时，且更误人一生。就此良机坐失，重返乐清，困顿二十余载，默默无闻。其非命乎？！比及八十年代，改革甘霖，始润其身，往日沉冤，胥得平反，还其退休待遇，喜获老有所安。时来运转，鬼使神差，不意于今年云谷老友书画展开幕良辰，复获把晤，重拾坠欢。我亦老眊，文思涩钝，走摹艰迟，即景生情，感慨往事，随思记述，是为缘耳。

甲申元宵节书于延圆小阁

处世不求无难　谋事不求易成

——三记南怀瑾老师

冯大明

“虚空无处所，仿佛似琉璃。诗境何人到，禅心又过诗。”刘商的《酬问师》，是用来赞美师父的，似乎有点缥缈虚幻，诗中的境界需禅心来相依才能寻找得到。我深知自己才疏学浅，从未敢自称为南怀瑾老师的学生，但自从有幸谒见南老师后的二十多年来，自己一直心怀敬畏与感恩，故至今追随老师读书不辍，效法立身处事。

在南老师百天忌日与百年诞辰之际，我曾分别撰写了《施德不望求报，功名不累其身》与《思师如流水 何有穷已时》两篇纪念文章，引起一些读者的关注与兴趣。南老师的崇拜者与追逐者，对老师“催生”金温铁路的创举十分敬佩，而对其中一些事颇感兴趣，常有读者关注与询问。今年三月十八日，是南老师一百零二周年诞辰，故借追忆一些亲历的往事之机，撰拙文予以补记，并以飨读者。

引进外资建铁路的首创者

南老师怀着爱国爱乡发展祖国经济建设的强烈愿望，排除种种困难，顶着各种压力，带领他的学生们全力以赴，“催生”了金温铁路的开工建设。正如他为金温铁道公司成立《献言》中所引用的两句古诗所形容的那样：

云里烟村雾里山，看看容易作之难。

洛阳三月花如锦，多少功夫织得成。

南怀瑾老师在铁道公司成立之时就告诫公司同人：

金温铁路是开始修建了，须知修造一条铁路，是为了子孙后代造福的社会公益事业，能不能修得成功，是靠大家上下一心，众志团结来完成它的。我们同人，凡是为金温铁道公司所力争的利益，只有一个目标，都是为修成这条铁路而争取一切利益，并非为了投资赚钱。如果大家认为铁路要开始修了，我们要赶快把握机会炒地皮，抢利益，不顾公众，而只顾自利，那便是我们为修一条铁路，变成为人民造孽，不是公益的事了。在我个人的理想与希望来说，修一条地方干道的铁路，不过只是一件人生义所当为的事而已，我们真要做的事是要为子孙后代修一条人生的道路，那是大家真要做的大事业。这样的目标，是我所期望来会诸公，以及金温铁路的同人，并与故乡父老、兄弟姊妹们共同勉励的人生大道。

在这里，南老师非常明确地阐述了他投资金温铁路的目的是为了造福子孙后代，而且那是大家真正要做的“为万世开太平”的大事业。

南老师的挚友徐鸣真先生也在发言中深切感人地说：

据我所知，南先生他为兴建金温铁路有这样的一些想法：一为想从这条铁路的兴建，体现孙中山先生的《建国大纲》的设想。南先生对此事非常关心，决心要把这条铁路修出来，它有利于经济的开发，特别是将造福铁路沿线人民，造福于子孙后代。二是我们国家正处于改革开放的大潮之中，邓小平同志南方谈话，更鼓舞了南先生要修这条铁路的决心。长时间以来，我国一直是国家铁道部门修建铁路，还没有合资办铁路的先例。南先生希望在这方面创出一个新的模式，为改革开放创出一条新的路子来。他再三强调，我们修这条铁路，并不是像有些人认为的那样，是为了做生意赚钱，完全没有这样的考虑，我们只是从促进浙江的繁荣和经济发展，从创出一条改革开放的新路子方面来考虑，而不同于任何一个投资者。

要创出一条改革开放的新路子，真是不同凡响的创举。在二十个世纪九十年代初期，南老师就从事中外合资建设铁路的实践，在资金筹措方面提出了境外贷款、发行债券等国际上先进的新的投融资模式，并付诸实施。甚至在人才引进企业管理上，也设置了崭新的模式。如在南老师的指导下，香港联盈兴业公司的代表就境外贷款一亿两千万美元，与美国摩根士丹利等银行进行了多次实质性的商谈，而且工作已进入实际操作。当然，改革开放是一个循序渐进、逐步深入发展的过程，虽受当时开放的程度所限，境外贷款因担保问题最终没有实现，但是，在改革开放不断深入发展的今天，我们追溯当年南老师的中外合资建国家基础设施，利用境外贷款与融资等举措，无疑是对改革开放的先见之明和超前的实践，的确是高屋建瓴与高瞻远瞩的。他的胆识与智慧，实在令人心悦诚服，肃然起敬。

金温铁路于一九九二年十二月十八日，在缙云、丽水、金华、温州同时举行开工典礼。全线有近十万人民群众前来参加，盛况空前。开工喜讯传遍浙西南大地，城乡人民不约而同奔走相告，纷纷表示自愿为铁路建设献上一分力量。在缙云所举办的开工典礼，由柴松岳副省长主持，南老师的代表徐鸣真先生、葛洪升省长等领导讲了话。最后由柴副省长宣布开工并奠基。

南老师向金温铁路开工典礼致贺词：“这次金温铁路的开工上道，足见各级政府首长和当局的同志们为国家建设、为人民谋福利的决心和勇气。尤其是各地人民自动自发地欢欣鼓舞，给予我们更大的信心和谢意。由于政府与人民力量的结合，修建这条铁路的工程，必定是指日可待。为此，至诚敬祝大家后福无穷，功德无量。”

在开工典礼的前一天晚上，南老师心情澎湃，夜不能寐，他专门打电话给徐鸣真先生倾诉衷肠：“我现在心情很激动，我知道明天就要开工了，我和浙江省的各级领导，和浙江省特别是浙西南铁路沿线的人民一起共同庆祝铁路的破土动工。我和家乡父老兄弟一样感到欢欣鼓舞。我和大家的心是完全站在一起的，我和大家的心是完全相通的，我们为了把这条幸福的铁路早日建成，促进浙江特别是浙西南经济的繁荣和发展，为人们的幸福做贡献。谢谢！”

南老师对金温铁路爱得那么深，真是一往情深。那个时候，他虽已逾古稀之年，但他亲自出任公司董事长兼总经理，真可谓日理万机。每天废寝忘食、日夜操劳工作到深夜，他自己起草或批阅、签发的文件，绝大多数是在夜里从香港传真过来的，因此公司的传真机是二十四小时不停机，都处于工作状态。他对公司的员工关怀备至，尽力提供优越的工作条件，如给金温铁道公司配备了各种进口高档小车，而他在香港的联盈兴业公司却坚决不配轿车，出行是坐出租车或步行。南老师自己青菜淡饭，衣食住行都特别勤俭朴素。他为人师表，视员工为子女，让公司敬佩不已，同人们对他的指示均如雷贯耳一般。南老师威信极高，受到大家的崇敬。

金温铁路开工典礼现场盛况

无声胜有声的勉励

一九九四年，国务院领导对金温铁路建设问题做出重要指示。部、省领导分别在北京与杭州经过两次商谈，铁道部同意参股。根据老师的意愿，一九九五年七月六日至七日，浙江金温铁道开发有限公司董事会在杭州西子宾馆召开会议，审议通过了《关于修改合同、章程的补充协议》，并对公司股东的股比进行了调整。会议一致公推南怀瑾先生出任名誉董事长。会议选举产生了新一届董事会，任命了新的总经理班子。公司人事变动，因组织部门没有重新安排，故我继续留在铁道公司工作。从内心讲，我也有另外的原因。

一九九四年二月，在厦门南普陀禅堂听了老师讲《生命科学禅修实践研究》一周的课。这也是南老师多年潜心“发展认知科学与生命科学研究”的重要课题。课后令人惊喜万分的是，我受到老师的接见。南老师亲切地勉励我：一是敦品励行，勤奋读书；二是处世不求无难，谋事不求易成，一定要圆建金温铁路百年梦想；三是坚持公益，修桥铺路为民造福，为祖宗积德。他在馈赠给我的《论语别裁》一书上亲笔签名，并同我合影留念。我则当面向老师承诺，下定决心，不畏困难，一定要圆世纪梦想。

董事会改组后，金温铁路建设面临的最大困难仍然是资金问题，从当年七月份开始，我受公司领导指派，把工作重心转移到北京、上海和杭州，负责向国家各有关部委、银行要求政策与资金的支持。工作难度相当大。如：当年国家计委项目未立项，年初不可能下达用款计划，要争取到国开行的两亿元贷款，解工程款火烧眉毛之急；一九九六年开始，要抓紧争取国家计委立项，尽可能多地下达用款计划，并争取国开行通过项目评审，跟踪争取铁道部、浙江省的项目资本金尽早提前到位。接下来几年时间里，为把拖延的工期抢回来，尽量减少建设期财务费用支出，每年都要

一九九四年二月二十日，作者与南怀瑾在厦门合影

争取特事特办，力争贷款与资本金尽量提前到位。与此同时，还有几大难题：一是铁道部的贷款资金的担保问题，二是工程项目调整概算增加资金的到位，三是全线开通后要求铁道部批准增开旅客列车，四是金温线全线通过国家竣工验收等。凡此种种，大都一波三折。最终得到圆满解决，都离不开省政府、省发改委领导的大力支持与帮助，离不开公司负责人与同人们的支持与同心协力，共同努力奋斗。那几年，我一直在北京、上海、杭州等地奔波穿梭，曾为第一笔贷款遇到困难，在北京的招待所里一周几乎没合眼；曾为一笔两亿元的车站贷款，五天里北京至温州跑了三个来回；特别是患心动过速、心肌桥与高血压等疾病后，每天含着速效救心丸与带着硝酸甘油以备万一。每当遇到难以过去的坎时，我总会想起组织的重托，想起南老师的谆谆教诲，努力再努力，争取再争取，相信最终会成功的！

南老师自从退居名誉董事长以后，再也不直接参与公司的管理。有关事务的联络均由外方的董事王伟国先生与顾问侯承业博士负责。但是，看似无情却有情，其实金温铁路时时牵动着他的心。据侯博士说，他老人家得知我还留在金温铁路，而且是在跟踪解决建设资金等问题时很高兴。从一九九六年春节开始，他每年给我寄贺年卡，至今我还保存着由他老人家签名馈赠的两张贺年卡，已成为我的珍藏。回想起那些年，每当收到南老师的贺年卡，真是：路遥纸短情却长，一纸一字总关情！我拿着小小的卡片，总是一阵激动，觉得工作再苦、再累也值了。

那些年，虽然一直没有与南老师通过信，也没有打过电话，但心是相连的。每次香港联盈公司的代表侯博士受老师委托来公司联系相关事宜，总会带来南老师问候的口信，但我只表示感谢，说自己只是做着应该做的事。最让我欢喜不已的是，老师连续几年托侯博士带来馈赠给我的他的大作有：《原本大学微言》上、下两册，《孟子旁通》，《我读南怀瑾》

（练性乾著）等。拿到这些书，特别是看到书上老师的签名，我总觉得其中包含着无限的关怀与鼓励。读着这些书，我自然想起南老师对金温铁路建设的关切，想起南老师的教诲，真是“此时无声胜有声，老师勉励永在心”啊！

无怨无悔终留毕生遗憾

“处世不求无难，谋事不求易成。”牢记老师之教化，公司上下共同努力，困难终于一个个被克服，资金与政策不断到位，金温铁路建设大干快上。洛阳三月花如锦，多少功夫终织成。金温铁路终于在一九九七年八月八日铺上了最后一节轨排，标志着金温铁路全线铺通，圆了浙西南人民期盼了百年的铁路梦。为庆祝全线铺通，南老师特地作了一首感言的诗，赠给全线铺通庆典：

铁路已铺成，心忧意未平。
世间须大道，何只羡车行。

我思忖，前两句“铁路已铺成，心忧意未平”，是在说，过去近百年来，修建这条铁路共达七次，但是都没有成功，所以认为是修不成的。可是，一个不可能的事，真的办成了，他老人家自然有着无比的感叹。在修建开始的时候，他就说那还有很长的路要走呢！所以他心忧意未平。后两句：“世间须大道，何只羡车行。”他老人家在说世间须有大道，是一个通往人心的大道。《大学》中说，“大学之道，在明明德，在亲民，在止于至善”。所以他认为仅仅一条铁路，只是表示我们做了一件事而已，那有什么好羡慕的呢？我们从老师的一首感言诗中亦可清晰地看到，从“催生”金温铁路的初衷到全线铺通的感言，南老师的理想与追求，都是要建一条通往人心的大道。足见他老人家想得要比我们高远，要比我们深邃，要远比我们想象得内涵丰富！

国务院给浙江省人民政府、铁道部发来贺电：

“金温铁路是我国第一条用内地与香港的资金合资建设并经营的地方铁路。它的铺通、建设和投运，对于推动浙江省特别是浙西南经济的发展、带动贫困地区脱贫致富，具有十分重要的意义……”

在《温州日报》评论员文章《辉煌的胜利——热烈庆祝金温铁路全线铺通》中写道：“在这大喜的日子里，我们不会忘记金温铁路的催生者南怀瑾先生，是他以一颗爱国爱乡的赤子之心，为了家乡繁荣昌盛出钱出力、多方奔波，付出了艰辛的努力。”

国务院贺电特别指出，这是我国第一条用内地与香港资金合资建设并经营的地方铁路，足见它是改革开放的产物。无论是国务院的贺电，还是《温州日报》的评论员文章，都充分肯定南老师催生金温铁路，勇立改革大潮潮头所做出的贡献，南老师的功绩彪炳史册。

根据南老师一贯主张“功成身退，还路于民”的理想及香港联盈公司要求转让其所有股权的提议案，浙江金温铁道开发有限公司董事会于一九九七年九月十五日召开会议，一致同意香港联盈兴业有限公司转让股权的提案。全体董事和与会代表一致认为：金温铁路取得的一切成果，都离不开南怀瑾先生的“催生”之功和长期以来的殷切关怀、不懈支持。南怀瑾先生舍己为公、造福于民的思想和精神，必将不断激励促进公司全体同人和沿线广大人民进一步建设、经营好金温铁路以及做好其他各方面的工作。

董事会同意了股权转让，在全线开通前，我接到省政府办公厅电话指示，去北京协助省领导、公司负责人解决转让股权的落实问题。经过与部

作者珍藏的南怀瑾馈赠的贺年卡

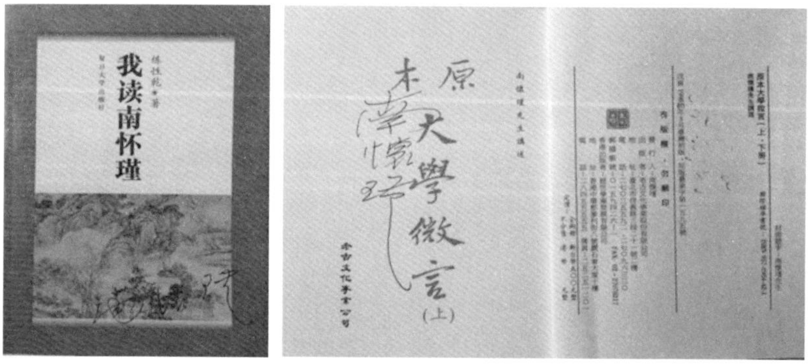

南怀瑾馈赠作者的部分作品

办公厅反复联系对接，终于促成一九九七年十月九日中午，部、省领导在北京铁路医院进行了商谈，最后初步确定香港联盈公司退股的股份，铁道部收购百分之十五，浙江省收购百分之十，最终明确了金温铁路的部、省资本金比例与调整概算后资本金配置的方案。

一九九八年六月十一日，金温铁路全线胜利开通。停驻在温州火车站的机车拉响了汽笛，604次普快列车满载着旅客，飞快地向北驶去。“铁龙”承载着浙西南人民的百年梦想，驰骋在浙江的大地上。世纪梦想，终于成真！南老师指派他的几位学生作为代表，参加全线开通典礼。金温铁路的通车，改善了东南地区的铁路网布局，使温州成为贸易转运中心，客货运输的快速发展，对温州乃至中国东南沿海的经济发展有着不可估量的作用。南老师“催生”中外合资金温铁路的建成，是南老师为改革开放中诞生的“温州模式”增添的浓墨重彩的一笔，也是中国改革开放历程中极为灿烂的创举！

侯博士带来南老师的口头问候，我深深地表示感谢。侯博士馈赠他的新作《南怀瑾与金温铁路》。本书意在表达南老师投资与“催生”金温铁路的理想与追求，他爱国爱乡的拳拳之心、殷殷之情，有一定的史料价值。但对其中一些观点与写法，我还是持保留意见。侯博士在赠书的扉页上题字：“送给冯兄存念/弟侯承业敬上 1998.6.7。”写得特别客气，让人受之有愧。

当然，侯博士还有一个重要的使命，就是了解退股后资金退回的可能性。但是，当时公司急于要调整概算，增资完成预留配套工程；购置机车车辆，快速增开客货列车，公司确无财力马上退回股金。于是我建议：目前公司资本金过低，制约公司发展，如能增加，不仅有利公司发展，又能退回联盈公司的股金，侯博士听后觉得有了希望。事后，我向公司负责人请缨，去争取增加资本金。我和公司一位负责人借参加全国铁路运输安全

作者珍藏的金温铁路开通首日火车票

会议之机，向部里一位司领导报告这一想法，回答是：“项目都完成了，还怎么增加资本金？不可能的！”话好像说定了，但我没有灰心，政策是刻板的，但人是灵活的呀！于是，我在跑落实年度资金计划、落实调概资金及增开列车的同时，广泛地向国家发改委、铁道部、国开行、省政府办公厅及省发改委的领导及“朋友们”请教，终于磋商出一条特事特办运作的工作途径。首先在省发改委刘副主任的大力支持下，报省政府批准。然后，省发改委向上海局发协商函，上海局直报部里，经部领导批准后直接下文上海局、部里相关司局，送国开行、省发改委等部门，先后跑了近两年时间。接下来，为完成增资的来源问题，也颇费了一番周折。二〇〇一年我在北京邀集了国家发改委、铁道部、国开行等六个司局的领导协商，终于商定增加资本金的出资方案。那时我正好当选公司工会主席，司局长们打趣道："你一位工会主席一个人来拿走这么多钱，还真从未有过呢！"我诚心诚意地说："我何德何能？全仗各位仁兄鼎力支持啊！"大家听罢，都开心地笑了。其实为何能够增资成功？说到底还是国家对我国第一条中外合资铁路、浙西南最大扶贫工程的大力扶植啊！

由于增加的资本金与调概的资金逐步到位，老师委托侯博士的工作任务也一步步顺利地完成了。据说里边还有一个小插曲，有人说总应计点利息吧！但南老师坚决不同意，他说这本身就是为了子孙后代造福的社会公益事业啊！侯博士最后一次来公司，他对我说，"老师对你的工作很满意，希望你抽空去香港做客。"我笑笑说："公司工会刚成立，我身兼数职走不开。我只做了我该做的事，请你向老师转达我的谢意！"

直到二〇〇三年十二月，我收到侯承业博士的贺年卡，除了问候，还说南老师在上海，可以去拜见他老人家。当时我正在与职工群众们一道开展"确保安全，促进生产"的安康杯竞赛活动并向争创"全国五一劳动奖状"而努力，忙得不亦乐乎。我也听说，南老师正开始筹建苏州吴江太湖大学堂。其实，没有组织上的批准，没有南老师首肯，我岂敢冒昧以不速之客身份前往打扰呢？退休后，我继续读老师的书，记住老师的话，开展文化公益活动。但没承想，机不可失，时不再来，从此再也没能见到老师，这便成了终生之憾事！

写至此，夜深了，纸短情长！推窗远眺，滔滔瓯江水，悠悠思师情！一往情深深几许？深山夕照深秋雨。我又记起了那首自己曾吟过的小诗："昔日穷劳圆梦切，南师嘱咐刻心中。铁龙满载梓桑乐，淡泊心明毋论功。"

风雨兼程一甲子

——记唐湜和他的妻子陈爱秋

曹凌云

唐湜先生（一九二〇—二〇〇五）是著名的九叶诗人、评论家，一生历尽坎坷与不测，对文学有着近乎偏执的痴迷，少有搁下歌唱和抗争的诗笔。他的妻子陈爱秋女士默默地陪伴着他，在情爱上对他忠贞不渝，在事业上给予鼎力相助，共同在爱的征途上跋涉了一个甲子。今年是唐湜先生诞辰一百周年，我们追忆他们，怀念他们，那相濡以沫、携手共进的爱的故事，并没有随着他们的远去而黯淡。

一

唐湜和陈爱秋的相识相恋，得益于唐湜的同学、陈爱秋的表哥马锡鉴牵线搭桥。那是一九四五年的春天，马锡鉴受陈爱秋的父母之托，给二十出头的表妹陈爱秋找一门好亲事，马锡鉴想到比自己小一岁的同学唐湜，品貌非凡，有逸群之才，可谓最佳人选。他找唐湜商量，唐湜愿意见见他的表妹。

那年的某一天，一个晴朗的日子，唐湜在马锡鉴的陪同下来到位于瑞安林垟的陈宅，与陈爱秋相见。陈爱秋秀外而慧中，亭亭玉立，双眸透着灵性，给唐湜很好的印象。唐湜问了她的学业情况，她刚刚中学毕业，准备就读瑞安县立简易师范学校（后改名瑞安师范学校），对未来充满憧憬。而唐湜仪表堂堂，彬彬有礼，举手投足中有一股清新之气，就读于浙江大学外文系，有大量诗作发表，已是小有名气的新派诗人，这让陈爱秋产生了爱慕之情。陈爱秋的父母也看重唐湜，了解了他家族的基本情况。

唐湜的曾祖父原是永嘉楠溪江上游的农民，壮年时从楠溪江放竹排到瓯江口杨府山附近，见有大片淤涨的滩涂可以开垦，就在杨府山山脚定居，开荒造田，娶妻生子。唐湜的祖父更是精明能干，在杨府山一带广置田产，成为大地主。唐湜的父亲是一个光彩的接班人，使得家业更加兴旺；母亲出身书香世家，其家族在当地很有名望。唐湜有弟妹九人，他是老大，因读书用功，为人诚实，很得长辈宠爱。祖父请来老先生培养唐湜，盼望他有一个好前程，荣宗耀祖。

陈爱秋比唐湜小四岁，五兄妹中排行最小，是父母的掌上明珠，从小受到良好的教育。她的父辈是飞云江南岸林垟镇商人，在当地办有石油公司，还是美孚石油公司在温州的代理商之一，生意做得大，名声很响亮。林垟是典型的江南水乡，一个商贸集镇，民国初期形成一条商业街，因两侧店铺屋檐相对，巧留一线天际，俗称“一字街”。可是有一年，“一字街”发生火灾，殃及石油公司，引发爆炸，损失惨重，陈爱秋父亲改行，经营一家百货公司。

唐、陈两家可算门当户对，唐湜和陈爱秋初次见面，也埋下了爱情

唐湜

的种子，而后又见过几次，彼此的心更近了，性格、情趣和理想也都相投。不过，陈爱秋的父母有些担心，对马锡鉴说：唐湜在持家理财上可能会糊涂，唐家有多少田地他都不清楚；爱秋在这一方面也不上心，以后那些田地谁去打理？马锡鉴说：唐湜博学多才，文笔极佳，年纪轻轻就进入文坛，以后还要靠这些田地吃饭？陈爱秋的父母一听，也觉得在理。

唐湜于一九四三年八月到浙大研读西方文学，当时正是抗日战争最艰苦的时期，浙大在龙泉山中创办分校。唐湜在大山里以浪漫的情怀，一边读着莎士比亚、雪莱、济慈的诗篇，一边创作散文和诗歌，并在《东南日报》“笔垒”、《浙江日报》“江风”等大报副刊发表，他的长诗《森林的太阳与月亮》（后改题《英雄的草原》）也即将脱稿，描写了一个罗曼蒂克的天真寓言。他以出众的才华，在文坛崭露头角。

瓜熟蒂落，谈婚论嫁。一九四六年阳春三月，红情绿意，草长莺飞，唐、陈两家张灯结彩，喜气洋洋，唐湜和陈爱秋喜结连理。婚礼在温州东城举办，既热闹又简单，嫁妆非常丰厚，有大量的绸缎、布匹和各种绒线等。亲朋好友出席了婚宴，新郎穿着盛装，益发飘洒俊逸，新娘略施粉黛，尽显纯真之美。那一年，唐湜二十六岁，陈爱秋二十二岁。

这一对新人在温州老城区大同巷安了家，虽是租用的房子，但布置得温馨，两人心里装满了爱的欢乐。那年初夏，唐湜告别妻子，去浙大继续学业，后又去上海暨南大学借读，次年又回浙大读书。这期间，他在文学创作上又有新的成绩，在《文艺复兴》《希望》等大型文学刊物发表诗歌、散文与评论，并结识了著名作家巴金、胡风和李健吾。

一九四八年，唐湜的父亲唐伯勋在温州城区中山公园附近建造了一栋两层住宅，砖木结构，庭院宽敞，西洋式门面，显得气派，距离文化

唐湜全家福

名山积谷山、华盖山不远，有闹中取静之美。唐湜和陈爱秋觉得新宅不错，就搬过来与父母一起居住，此时长女唐洛中已经出生。这一年，唐湜大学毕业，出版了《英雄的草原》，编定了评论集《意度集》、诗集《飞扬的歌》等，并且和诗人辛笛、陈敬容、曹辛之、唐祈等以森林出版社名义创办《中国新诗》月刊，还由巴金、李健吾介绍参加中华全国文学工作者协会（简称全国文协）。第二年，长子唐维中降生。

二

新中国成立后，唐湜在温州第二中学教书，陈爱秋居家把家务打理得井然有序，家庭生活丰富多彩。一九五一年底，唐湜接巴金来信，邀他去上海文协工作，他告别了二中的师生和妻子、儿女，只身来到上海，与翻译家周煦良等一起在上海文协外国文学组翻译苏联短篇小说，集体翻译并出版了《苏联卫国战争短篇小说选》，他个人翻译并出版了《坡道克之歌》（安东诺夫作）。

一九五二年秋，唐湜接到在《人民文学》杂志社当编辑的诗友唐祈的来信，希望他到北京一起工作。唐湜向往京城浓郁的文化氛围，回到温州与家人小住几天，带上御寒的衣服前往北京。不料到北京迟了一些，唐祈所说的那个位置已经有人了，唐湜就在北京一所中学教书。不久，陈爱秋带着孩子也到了北京，一家人住在西城区护国寺街一个四合院里，房间用高级木地板铺成，据说是梅兰芳的旧居。陈爱秋到大学里学习财经知识，又怀有身孕，秋冬的北京天气寒冷，空气干燥，风沙很大，整天给人一种“大漠风尘日色昏”的感觉，让她难以适应，心想还是生活在气候宜人的温州为好，征得唐湜的同意，她带着孩子回温州了。

一九五四年二月，唐湜经好友、作家李诃介绍，到中国戏剧家协会主办的《戏剧报》工作。唐湜熟悉中国戏剧艺术，对外国戏剧也素有研究，在《戏剧报》做编辑和记者都得心应手，受到时任中国剧协主席田汉等领导的重用。当年下半年，陈爱秋再次带着孩子到北京，此时小女唐绚中已经出生，一家人先住在王佐胡同的中国剧协宿舍，后搬进位于朝阳区西部的中国文联宿舍，安了家。第二年，小儿子唐彦中出生，家里四个孩子，甚是热闹。这期间，陈爱秋去石景山钢铁厂当会计，因孩子尚小需要照顾不得不放弃工作，专心致志地做一个贤妻良母，家庭里充满了温馨与甜蜜。

在陈爱秋无微不至的照顾下，唐湜更加勤勉地写作，在《人民日报》《解放军文艺》等报刊发表了许多戏剧和诗歌评论，参与创作了《萧长华谈京剧表演艺术》一书，还兼职宋庆龄基金会创办的英文刊物《中国建设》的文艺版编审，每月定期审稿。唐湜沉浸在家庭和事业带给他的欢快中。

一九五五年的夏天显得特别沉闷和压抑，空气中动荡着一种不祥的预兆。胡风被捕，唐湜的邻居、胡风的得意门生路翎被捕，很快，正在埋头工作、耕耘于文学园地的唐湜，也被卷进了“反胡风”的政治风暴中。一九五七年，“反右”运动开始，第二年暮春，灾难降临到唐湜的头上，他被划为右派，剥夺了人身自由，押送到黑龙江的兴凯湖农场劳动改造。兴凯湖冰天雪地，光裸的树木变作黑色的剪影。

唐湜被送去劳改后，陈爱秋心中的悲苦难以言表，她带着四个孩子住在中国文联宿舍，靠着中国剧协每月五十元的生活费，过着动荡不安的日子，温暖的小家已充盈着凄惨的泪水。

今后的生活怎么过？前途渺茫。陈爱秋考虑再三，决定带着孩子回温州，毕竟在老家会有亲人帮助，也可逃离北京痛苦的阴影。行色匆匆，在中国剧协同志的帮助下，陈爱秋怀揣安家费，拖儿带女登上了回家的火车。这一路，陈爱秋说不出地哀伤与怆然；这一别，她不知一家人何时才能再来北京。

也有人劝说陈爱秋离婚，她说她不干这种事，唐湜已是一个离开家庭就不知如何生活的人，况且，离婚对子女成长不利。她要对唐湜和孩子们负责到底。

三

陈爱秋带着孩子回温州，中山公园附近的那栋楼房大部分已经充公，只留二楼一个二十九平方米的房间给他们。为了赚钱维持生活，陈爱秋去温州花柳塘一所民办小学当教师，取得微薄的薪水。教书一年，因丈夫右派的原因，她被下放到温州水泥厂当工人，筛蛎灰，又因劳动力欠佳被精简。没有了收入，她举步维艰，陷入人生最痛苦的境地。

陈爱秋寻求亲戚接济，同时变卖家物，当年陪嫁的绸缎、布匹、毛绒、大衣等，在二十世纪五六十年代都是奇缺货，一一卖掉。她和孩子省吃俭用，舍不得花钱安装电灯，晚上家里一团墨黑，孩子们的作业都是在路灯下完成的。但远在黑龙江的唐湜情况更糟，每天挨饿受冻，陈爱秋把计划供应的一点点猪肉省下来，腌制起来寄给他。她多么渴望得到他人的帮助，然而四周大多是歧视的目光，世态炎凉。

一九六〇年十月，唐湜从兴凯湖农场转到天津茶淀的清湖农场，由于长期营养不良、劳倦过度，他患了水肿病，开始是足胫浮肿，后来蔓延到全身，并出现腹部膨胀，胸闷心悸。农场里成批成批的劳改对象患上这种病，引起场方的重视和救治，可水肿消退后，皮包骨头样的瘦弱同样可怕，死亡的绞索一次次地在唐湜的头顶垂下，又一次次地提离，到了一九六一年夏秋之交，清湖农场准许唐湜“戴帽离场”。

有一天早晨，陈爱秋正在给孩子做早餐，听到楼下有人在喊她的名字，唐洛中从楼上跑下来，一看，站在眼前的好像是爸爸，定睛再看，果真是爸爸。陈爱秋也紧跟着下楼来，她顿时惊呆了，别离了将近三年半的丈夫，骨瘦如柴、衣衫褴褛、满脸憔悴，笔挺挺地站在那里，与在北京《戏剧报》时的英武潇洒、踌躇满志、虎背熊腰简直判若两人。忽然，她痛楚地双手抱着丈夫，低声地哽咽了起来。

一家人得以团聚，给身心遭受摧残和侮辱多年的唐湜带来极大的慰藉，精神面貌和健康状况也逐渐好转。一九六二年早春，唐湜受有关方面照顾任永嘉昆剧团临时编剧，过着漂泊不定又兴趣盎然的日子，不料一九六四年初夏，他因右派身份被“清理”出剧团。唐湜找不到工作，就在家里私下带了几个学生教授古文、英语，收几元学费家用，加上四个孩子慢慢长大，窄小的房间显得异常拥挤。同时，他还要创作悲剧诗《泪瀑》，并进行十四行诗的幻美追求，常常挤在吵闹的孩子中间写作。

可是，家里一贫如洗，已到了没米下锅的地步，几个孩子的学费更无法支付。无计可施的陈爱秋看着醉心创作的丈夫，叹息一声说：家里可卖的东西已经卖光，东借西凑也无路可走，你都没有想想该怎么办啊？唐湜抬头看了一眼妻子，笑了一笑，又低头写着他的诗句。

一九六六年“文革”开始，唐湜每周要写汇报、检查、请罪书，要被游街、批斗、戴高帽。这一年，唐湜经学生介绍，到温州房管局下属的房屋修建队去做泥水匠的帮手，拌石灰，拌水泥，搬东西，拉板车，纯粹的力气活，月收入三十元左右，解决了一家人的断炊之忧。他每天干完苦工回家，夜色苍茫，疲惫不堪，吃过晚饭后就趴倒在床上呼呼大睡，半夜醒来，披衣挑灯写作，直到霞光映天，他草草洗脸吃早饭，便赶去上班。房屋修建队也要给唐湜开批斗会，可工友们都同情和尊重他，批斗会就没有穷追猛打或水煮油煎的气氛，批斗会结束，大家还兴致勃勃地听他讲莎士比亚的剧本故事。

“文革”带来的动乱越演越烈，“两派”武斗，动刀动枪，有一段时间，子弹在唐湜的屋顶上飞来飞去，射到瓦背上发出“啪啪”的声响。在枪林弹雨中为以防不测，一家人躲在盖有两层棉被的四方桌子底下，唐湜还是不放下手中的笔，创作自如。陈爱秋见唐湜总是夜以继日、不顾生死地赶写稿子，没好气地说：你这样争分夺秒地写，有人等你的约稿吗？唐湜抬眼看一看妻子，虽是嘲笑话，也不生气，苦笑了一声，继续低头写作。

谁也不知唐湜这些作品的命运如何，能否有面世的一天，但陈爱秋从来不反对丈夫写作，她知道文学和写作，是他的生命中最重要的一部分，同时让他没有在逆境中放弃自己。唐湜惜时如金地读书和写作，居然在“文革”初期迎来了创作上的喷发期，家里文稿成堆，有诗歌、剧本、翻译、评论。唐湜没有钱买稿纸，就用十六开的白报纸，压平、叠齐、装订，整理成一本本。

四

一九六八年夏天，温州骄阳似火，一个酷热的下午，唐湜被戴红袖章的红卫兵抓去穿上写有“牛鬼蛇神”的背心游街示众，他们又以“破四旧”的名义气势汹汹地冲进唐湜的家里，翻箱倒柜地抄家，抄去了他大部分的藏书和一些文友赠送的字画。陈爱秋事先把唐湜的文稿藏到天花板上，躲过了第一次抄家。

有一天，唐湜听说自己一位姓汪的同学被捕，要被判处死刑

唐湜与陈爱秋

（一九七〇年果然被判处死刑缓期执行），其罪状是汪姓同学有一次阅报时在报边留白处写下“反动感想”。这事让唐湜和陈爱秋大为震惊，乃至害怕。第二天上午，又有风声传来，说下午有红卫兵造反派来唐湜家中第二次抄家，夫妻俩的精神紧张到了极点，如果藏在天花板上的文稿被抄走，已经受尽折磨的唐湜肯定难逃更大的厄运，整个家便也进入了“世界末日”。

那怎么办？万般无奈中，夫妻俩做出决定：销毁家中的全部文稿。唐湜不忍心动手，陈爱秋的心也滴着血，她吩咐四个孩子，把浸透着父亲心血的文稿一本本拆开，撕成细条，放在厨房的煤球炉里焚烧，又不敢多烧。厨房是利用走廊用木条搭建的，留有许多缝隙，加快一点进度，火焰就大，邻居容易看到火光，闻到焦味。焚烧速度太慢，又容易暴露他们在消灭“罪证”。于是，他们把文稿放入脚盆里用水浸泡，想泡成纸浆后再倒出去，可在短时间内文稿根本无法泡烂。陈爱秋想，最好的办法是把文稿从家中转移出去，扔进附近的河里。

谁去完成这危险的任务？陈爱秋把目光投到唐彦中身上，小儿子唐彦中还在读小学，让他提出去不会引人注意。陈爱秋把浸湿的文稿捏成团，盛到一个方形竹篮里，见竹篮子不断滴水，她又盖上几件刚洗的衣服做掩护，并千叮万嘱小儿子一定要注意安全。唐湜一边看着慌乱的亲人，一边心如刀割，双眉被痛苦蹙成了疙瘩。人性变得如此暴虐，世界变得如此荒谬，手稿遭受如此劫难，多年的心血就这样付诸东流！他扭头看向窗外，天空覆盖着乌云，大地苍黄灰暗。

唐彦中提着竹篮迟疑地来到门边，侧耳一听，楼道里静悄悄的。他提着竹篮子下楼，没有遇见邻居，反而让他感到从未有过的紧张，胸口怦怦地狂跳。唐彦中来到大街上，午后的大街没有一丝的风，异常闷热，他手提沉甸甸的竹篮，低垂着眼睑飞快地迈着步子，胆战心惊地走过父亲曾用绚丽诗句描写过的飞霞洞，沿着积谷山山脚来到春草池边，准备把文稿扔到池里去，但他发现池水比往日浅了许多，还停泊着一只小木船。他提着篮子顺着河道继续前行，见到熟悉的路亭，就倚坐在亭子里不走了，他在等待天黑再做行动。

一抹晚霞在天际边闪现，又迅疾消退，天地间就变成了银灰色，这是夜幕拉下的一刻。唐彦中四处张望了一下，昏暗中确认没有人盯梢，他提起篮子快步走到一条弯弯曲曲的石板桥上，急促地从篮子里拿出一大叠湿漉漉的纸团扔到桥下，“咚”的一声，河面上泛起了一层层涟漪。他终于舒出了一口气，提着篮子在朦胧的夜色里回家。春草池漂浮着薄薄的青雾，积谷山上摇曳着模糊的树影，飞霞洞里有夏虫在低鸣，大街上已经行人稀少，天空中的乌云已经散去，月亮却还没有升上来。

时间仿佛凝固在一个黑暗的隧道里，“文革”整整十年，唐湜一家与中国千千万万的家庭一样，在漫漫的长夜中等待黎明的曙光，但人们精神迷惘，人与人之间变得冷漠、自私，彼此不再信任，不敢倾吐心声。当然，也不能一概而论，苦难的人世间也不乏温情存在，唐湜家里，也时有老朋友、老同事过来叙叙旧，聊聊心灵的伤痛，彼此安慰。唐湜在永嘉昆剧团的两年里，与作曲陈达辉、林天文和编剧陈彬成为好友，当他们得知唐湜一家在为填饱肚皮而绞尽脑汁时，毫不犹豫地伸出了援助之手，三人定期相约在唐湜家里聚餐，把凑起来的钱交给陈爱秋，让她多买点鱼和肉。陈爱秋烧得一手好菜，大家像过年一样，美美地饱食一顿。

唐洛中和唐维中相继初中毕业，因为父亲是大右派，不能升学，没有工作分配，去做临时工，居委会不给开证明，姐弟俩失业在家。唐维中在家自学电机技术，能维修发电机、变压器等，后来就凭这技术使家庭走出了困境。

每个人都无法选择自己身处的时代，唐湜一家六人在磨难中度过许多光阴，可谓遍尝人间百味，懂得世事沧桑。也正是因为如此，一家人的心贴得很近，他们彼此珍视，彼此关爱。

五

时间的指针指到了一九七八年，金秋十月，颠倒了的历史被拨正，唐湜的右派问题得到改正。他恢复公职，前去北京，到《戏剧报》报到。经办人说：现在北京户口、住房都紧张，我们单位压力大，如果你一家人都来北京更难解决，最好你在老家找个单位落实。唐湜一听，没说什么，回到温州，与陈爱秋商量，她态度明确，不愿意去北京。就这样，唐湜留在了温州，去了温州市文化局艺术研究室工作。

五十八岁的唐湜在创作上依然焕发着青春，他歌唱黎明，江河泛舟，自酿蜜酒，春瓮生香，写出了大量新妍的诗歌，陆续出版了十四行诗集《遐思：诗与美》《蓝色的十四行》，抒情诗选《霞楼梦笛》，诗歌理论集《新意度集》，散文集《翠羽集》等。他还在故纸堆里搜集资料，进行南戏研究。他复出后硕果累累，令人瞩目。

更让人高兴的是，他与许多文坛老友见面了，特别在一九七九年，他和二十世纪四十年代的诗友杜运燮、王辛笛、陈敬容、郑敏、唐祈、袁可嘉到北京曹辛之家里见面，他们说起已于一九七七年二月去世的诗友穆旦，哀叹不已；他们商讨出版一本诗歌合集，取名《九叶集》。一九八一年，《九叶集》由江苏人民出版社出版，在文坛上产生了巨大的影响，这九位诗人被研究者命名为“九叶派”或“中国新诗派”。《九叶集》也呼应了当时正在兴起的朦胧诗派。

二〇〇〇年开始，耄耋之年的唐湜加快了衰老的速度，腿脚无力，行走不便，极少外出。他更加珍惜时间，不顾年迈体衰，笔耕不辍，出版了《一叶诗谈》《九叶诗人：“中国新诗”的中兴》等书籍。在人生的晚年，在夕阳西下、余晖残照的生命尽处，唐湜看到了自己的作品一部接一部地问世，听到了世人对自己文学成就的充分肯定和高度评价，深感呕心沥血总算没有白费。对于一个视写作为生命的老作家，还有什么比这些书籍和赞赏更让他感到欣慰呢？

二〇〇五年元旦，唐湜感冒后卧床不起，不思饮食，被子女送到医院救治，又患上肺炎，十分虚弱的病体越发不支，死神在他身边徘徊。唐湜出院后回家一直静卧，油干薪尽，生命之火就要熄灭，万事皆休。陈爱秋虽然也迈入衰朽之坎，但她始终在唐湜身边精心照顾，耐心服侍，无怨无悔地陪伴。二〇〇五年一月二十八日，九叶诗人唐湜，带着一生的征尘与伤痕，奏着起伏跌宕的生命乐章，在家乡与世长辞，享年八十五岁。

陈爱秋回想起自己与唐湜一个甲子的风雨兼程，恸哭失声，泣不可抑。两年后，她用枯瘦的手提笔写下《泪祭夫魂》一文：“老唐走了，倏然就两年了，把我留在了风烛残年之中。可我总是觉得他还坐在那儿写着，案头上的书也还没有动……一个天性厚道、善良无邪的人，却无端地遭受这么多的苦难，几度濒临死亡。”文字深处渗透着她无尽的思念。

陈爱秋有着扎实的文学基础，《红楼梦》《浮生六记》和鲁迅的小说，是她枕边的日常读物。她经常给孩子讲《红楼梦》里的人物和故事，讲《阅微草堂笔记》里的人物和故事，偶尔也会和唐湜谈论文学，品读诗文，交流思想。唐湜去世后，陈爱秋没有了精神支柱，变得寡言少语，也不再看书，对生活丧失了兴趣，一步一步地走向衰亡。二〇一四年九月十五日，陈爱秋在平静和孤寂中去世，终年九十岁。从此，陈爱秋与唐湜在另一个世界里相伴。

在二十世纪八十年代末，笔者认识了唐湜先生，而后常到他在花柳塘的家里闲谈或请教，也熟悉了他的家人。为了写成此文，近日笔者与唐彦中、林天文以及远在新西兰的唐湜表弟王兆凯等知情人进行了长谈，还走访了杨府山、林垟等地的一些老人。人生有限，文章千秋，唐湜先生作为一个天才的诗人、评论家，留给这个世界丰厚的文化遗产，并将随着时间的流逝越发弥足珍贵。而陈爱秋女士跟随唐湜先生辗转寄寓，同甘共苦，相濡以沫六十载，把生命和爱写在历史的长河里，同样会被后人追忆。

刘廷芳与“五四”新文艺

段怀清

《瓯风》第十集“笔记”专栏，载有肖伊绯所辑《吴卓生谈刘廷芳》一文，这也是我最近读到的一篇有关刘廷芳（一八九二——一九四七）[1]的文章。《瓯风》一直专注于发掘温州本土历史、研究乡邦人物、清理地方文献，这不仅有益于地方文化建设，其实对于学界贡献亦良多。

《吴卓生谈刘廷芳》一文，辑录的两则文献，一则关乎吴卓生自己的求学及工作经历，另一则显然为学生视野里作为教师的刘廷芳印象。

在温州现代人物中，刘廷芳绝对算得上是一位出类拔萃的、世俗意义上的学者。之所以这样说，是因为在学者的身份之外，刘廷芳还是一位基督徒，一位牧师，一位基督教抒情诗、赞美诗作家。我在一本有关十九世纪末、二十世纪初中国基督教赞美诗研究的小书中，专门叙述讨论过刘廷芳在现代中文赞美诗歌方面的工作及贡献，此不赘述。书中亦引用了刘廷芳在燕京大学宗教学院的同事赵紫宸教授发表在《协进》一九四七年十月刊上的一首悼念诗：

二十六年契谊深，数行清翰见真心。
中宵杯酒摇红烛，片纸文光照素襟。
颂赞普天宏教旨，发挥真理坐书林。
诗文争霸人难再，远哭风流痛一吟。

一九四七年八月二日，刘廷芳不幸病逝于美国。作为燕京大学同事的赵紫宸撰诗四首，表达自己对于俩人之间长达二十多年交谊的缅怀，以及对于中国基督教会痛失英才的惋惜与哀伤，同时对刘廷芳人格、道德、事功、才情亦给予极高评价，其中“颂赞普天宏教旨”“诗文争霸人难再”两句，言简意赅地概括了刘廷芳最为突出的事功与才艺。上面所引，为四首中之一首。

一

北京大学尽管并不是刘廷芳登上中国现代学术舞台的第一站，但无疑是其早年学术生涯中颇为重要的一站。

很多人以为刘廷芳的一生都是与燕京大学关联在一起的，这种印象没有错，不过这种认识却不完整。《天风》一九四七年第八十三期上，曾刊发崔宪详《悼刘廷芳先生》一文，开篇即言：“刘先生是海内外知名的教育家及著作家，早岁即得哥伦比亚大学及耶鲁大学的博士学位。本人最钦佩刘先生，对他的印象也深。回忆我毕业燕京宗教学院之年是在一九二〇。他（刘廷芳）适于是年方才到校，因此未得机会追随刘先生共同研究学业。”这段文字，给人的印象似乎就是，刘廷芳美国留学归来之后，就开始了他在燕京大学的事业，对他在北京大学的学术与教育经历，只字未提。

而人们之所以会有这种印象和认识，一方面固然与刘廷芳的“宗教”

信仰及身份有关，更因为他与燕京大学之间长期且紧密的关系，同时，亦与在上述印象认知中所产生的“想当然”有关。而上文中之所以提到刘廷芳是一位“出类拔萃的、世俗意义上的学者”，其实主要就是指刘廷芳当初留学归来、在北京大学所开启的这一学术人生中的非宗教性这一面。

一九二〇年代开始，刘廷芳在北大哲学系担任《教育心理》和《儿童心理》两门课程主讲。而他与胡适之间的交往，从《胡适日记》记载来看，也是从二十年代初期开始的，只是记载中并没有涉及“五四”新文学以及刘廷芳在北大所担任的两门心理学课程。

一九二一年五月二十九日的《北京大学日刊》，曾刊登刘廷芳博士启示一则，实则为其所担任哲学系《教育心理》与《儿童心理》两门课的重订考试通知。

事实上，刘廷芳在教会身份之外的另一个世俗学界的学者身份，就是心理学家。除了在北大期间所担任“教育心理”及“儿童心理”这样的专业课程外，一九二六年第二十五卷第十一期《真光》上，也曾刊登《心理学家刘廷芳赴美讲学》的消息。而一九二六年刘廷芳赴美讲学之前，除了他在当时中国基督教会内部的诸多任职兼职外，他在当时大学里的教学学术职务为：国立北京师范大学教授、国立北京大学讲师、燕京大学心理学系主任、燕京大学宗教学院院长。上述四个身份中，只有燕京大学宗教学院院长一职，是直接与宗教及教会有关联者，其余三种身份，都是其作为心理学家或心理学学者的学术身份。这也是刘廷芳个人身份中双重性甚至多重性的一种体现：在现代中国的世俗学术界及公共知识界乃至社会舆论界，刘廷芳同样具有专业身份及公认影响力。这也是二十世纪上半期中国本土基督教领袖人才中最能体现出现代性、开放性和包容性的“复合型”人才类型。

另据《北京大学日刊》一九二九年十月二十六日载，刘廷芳赴美讲学回国之后，亦仍兼任北大心理学系《教育心理》《教育测验》两课。其实，刘廷芳在中国心理学界，不仅是最早留学归来的专业学者，而且也是中国现代心理学研究及教育事业的重要开创者，中国心理学会的创会人之一。

有意思的是，刘廷芳与同为留美归国的胡适往来甚早，不过，胡适日记中有关二人之间往来的记载，却基本上都是与基督教有关。

《胡适日记》中最早一条与刘廷芳相关的记载，时间在一九二一年五月十八日：司徒尔先生(Dr. Stuart)与刘廷芳牧师及霍进德先生(H. T Hodgkin)来谈。[2]

第二条时间为一九二二年二月十三日，为刘廷芳致胡适一通信札，邀请胡适写一篇有关基督教的文章。[3]

第三条，一九二二年三月四日：燕京大学校长司徒雷登与刘廷芳来，周启明来。燕京大学想改良国文部，想请胡适去，胡适推荐周启明去。[4]

第四条，一九三一年三月二十九日：访刘廷芳，谈教会中职司名称的译法。[5]

第五条，一九三四年五月六日：与陶孟和同车到天津赴南开大学董事会，回程车上遇司徒雷登与刘廷芳。[6]

上述记载，无论是对于刘廷芳研究还是对于胡适研究，均不乏价值。一方面，它反映出在胡适这样的“五四”新文化运动倡导者视野里的刘廷芳当时的身份，至少似乎最重要最醒目的身份；另一个方面，也反映出刘廷芳对于像胡适这样的新文学及新文化倡导者，不仅不远离排斥，而且还屡有不乏实质性的接触往来。基本可以推断，燕京大学当年计划改良国文部，来邀请胡适甚至咨询胡适的时候，陪同司徒雷登登门造访的刘廷芳，应该是这一事件幕后的重要推手或建议者。至于司徒雷登和燕京大学同意胡适的推荐，接受周作人来燕京大学任教，其间是否咨询或倾听过刘廷芳的个人意见，有兴趣者不妨去搜捡一下相关文献史料。

刘廷芳上述世俗学界的学者身份，或者与一九二〇年代中国现代学术界、教育界、文化界的往来关系，并没有因为他在燕京大学的工作而被遮掩或模糊。二十年代中期，刘廷芳曾访美访学及讲学。而从当时采访报道中可知，刘廷芳此次赴美，并非仅出于燕京大学及教会事务之所需要，还有学术讲学方面的活动安排：一、应美国十余大学之聘，演讲中国最近思潮，并借此宣传中国真正之民意；二、代表燕京大学，向董事会接洽校务，筹募经费；三、考察美国各处心理实验室，尤注意于教育心理一科。

而从《中华基督教教育季刊》一九二八年第四卷第三期上所刊发“编辑小言：欢迎刘廷芳博士回国”一则可知，刘廷芳此番赴美讲学，主要是在协和神学院（Union Theological Seminary）、波士顿大学讲学。至于临行前《真光》记者所发报道中所谓赴美演讲中国最近思潮，宣传中国真正之民意，据其回国之际《中华基督教教育季刊》编辑小言，可知主要是向美国社会宣讲当时中国的国民革命运动。

一九二七年的“南京事件”，对于侨居南京的外国人造成了一定恐慌，当时在金陵大学的赛珍珠一家，亦曾被迫撤离，先到上海，后又远避日本。刘廷芳作为与西方在华侨团联系较为密切的中国人，他对当时中国社会、政治形势所做的解释和说明，显然更具公信力。

一九二八年二月二十七日，英文报纸《北华捷报》（North-China Daily News, 1864-1951）发表有关刘廷芳在美国Portland Reed College(Oregon)就中国当代思潮所作演讲“为什么要研究中国？”。这清楚地反映出，即便是在万里之外、大洋对岸的美国，刘廷芳的公共形象，也并非仅仅是一个教会人士，甚至更多不是一个教会人士或宗教人士，而是一个对中国现代思潮、现代社会以及现代历史，有着广泛观察与深刻认识的专业知识分子。刘廷芳身上所表现出来的这种“时代性”与“公共性”，也恰恰反映出二十世纪初期，中国本土基督教领袖人才的一种与时俱进的开创性。这种开创性，不仅体现在对于本土基督教会事业的发展与推进上，体现在基督教本土化上，还体现在对于基督教与一般世界、基督教文学与一般文学等关系的重新建构与具体探索及实践上。

而另据《真光》通讯所刊赴美讲学之际刘廷芳致《真光》主编信札，其中提到“游人万里外，触目都是伤心故国事。在白皙骄种前，为汉族说几句申冤辩屈话，是个个国民天职”[7]。此亦可见刘廷芳当时在中、西关系之间的基本立场。

上述文献及叙述旨在说明，整个二十年代的刘廷芳，不仅是当时中国整个基督教教育界的领袖，而且也是一位在世俗学界尤其是中国现代心理学界，具有重要贡献及影响力的现代学人。

二

揭示乃至强调刘廷芳身上的这种世俗意义上的学者身份，并不仅仅是为了澄清事实，其实还有另一个目的，那就是辅助说明刘廷芳与“五四”新文艺之间的关系，尤其是他在现代中文基督教文学、特别是赞美诗歌的创作编辑及理论性研究方面之外，还曾经以一个“五四”新文艺家的身份，创作发表了数量不菲的白话新诗。这些具有鲜明“五四”新文艺情感色彩、语言风格以及思想审美特质的作品，最后基本上都收录在他的“风满楼丛书”之中。

“风满楼丛书”显然是三十年代的刘廷芳重要的作品集，但其中所收录的作品，却并非全部仅限三十年代前后，有的诗歌作品写作发表于一九二〇年代，也就是刘廷芳留学回国之际，那也正是“五四”新文学运动风起云涌、如火如荼的时候。而刘廷芳此间所创作发表的那些并不带有基督教抒情诗歌色彩的现代白话新诗，也反映出他与鲁迅、胡适以及整个

“五四”新文艺之间关系的一个侧面。

一九三四年六月第六卷第二期《紫晶》上，刊载有“风满楼丛书”的出版预告：

> 第一种，《疯人》，散文诗，叙利亚诗人吉布仑著，刘廷芳述
> 第二种，《山花》，创作诗集，刘廷芳作
> 第三种，《山雨》，创作诗集，刘廷芳著
> 以上三种由北新书局出版发行。
>
> 第一种，《木匠家》，圣诞独幕剧，侯斯门著，刘廷芳重写
> 第二种，《我的杯》，创作诗集，刘廷芳著
> 以上两种由上海女青年协会发行。
> 另有《前驱者》，散文诗，叙利亚诗人吉布仑著，刘廷芳述。

上述作品集中，由北新书局所出版的三种，尤其是其中《山花》《山雨》两种，完全是世俗意义上的现代白话新诗。

与赵紫宸相比，刘廷芳与“五四”新文学的关联似乎更为密切。在中国基督教教育界，他的地位是显而易见的。而作为中国基督教教育会会刊的《中华基督教教育季刊》的刊名，却是由胡适题写的。尽管这并不足以说明刘廷芳与“五四”新文学之间关系的实质，但至少显示出他与胡适之间的个人关系，反映出在宗教文学与世俗文学之间，当时的刘廷芳兼容并包、分别尝试的个人立场。

这种相对自主、自由的立场及主张，用刘廷芳自己的一句话说就是，“意见尽可不同，爱心却应如一；承认异见的存在，但仍竭诚相爱”。这也是刘廷芳当时广为人知的一句名言。

作为一个“五四”新文艺的同路人，刘廷芳显然曾对“五四”新文学的人道主义理想、为人生及现实的文学之主张产生过关注，抑或受到过一定影响。在他此间所创作的几首具有基督教悲天悯人意识和“五四”新文学同情劳动人民、具有人道主义立场的白话新诗中，这些表现较为集中和明显。这些诗包括《人力车苦力的心事》（《生命》月刊一九二三年第四卷第二期）、《矿中》（《生命》月刊一九二五年第五卷第六期）、《工厂的大钟》（《生命》月刊一九二五年第五卷第六期）。这些发表在教会内部刊物上的白话新诗，似乎表明刘廷芳有意让“五四”新文艺的新风，也能吹进中国基督教会内部。

其实，刘廷芳此间那些具有新文学性质与气质的白话新诗，除了见诸教会内部报刊，亦常发表于一般文学期刊之上。

一九二四年十二月一日《晨报六周纪念增刊》，发表诗歌《中央公园夜中的柏树》（第二八二至二八五）。该纪念增刊“诗”专刊中发表胡适诗四首、徐志摩诗三首、刘廷芳诗一首。可见这完全是一个世俗意义上的白话新诗园地。

一九二五年《语丝》第十八期，发表诗歌《别后的恋》、十九期《快乐》、第二十期上发表诗《未完的信》、《离别》（第二十二期）等。而《语丝》与“五四”新文学阵营之间的关系，自不待言。

一九三三年《文学》（上海）一卷一期上发表《诗选：五周年》、《艺术家》，一卷四期《诗选：去后》，

一九三四年第一卷第一期的《文学季刊（北平）》上，还曾发表过《探险的游行》这样的诗。

一九三六年《青年作家》第一卷第一期，发表诗歌《寂寞》。

……

上述诗歌，有的后来并未收录在刘廷芳的“风满楼丛书”之中。

一九三〇年编辑的新诗集《山雨》，不仅是由素以出版新文学作品著名的北新书局推出，而且还作为“风满楼丛书”系列之一种。这里的“风”，又是在隐喻什么呢？是晚清以来的“欧风美雨”？还是“五四”新文艺所带来的一种文学的新风尚？又或者是当时中国政局乃至整个社会所出现的一些新气象？无论如何，刘廷芳的这些诗歌，似乎也有回应这些“时代之风”的隐喻之意吧。

《山雨》诗集题词中，标注是献给“空谷之兰、横海的燕子、白衣天使、花园中小孩”。这些意象，除了“空谷之兰”在中国古典诗词中亦曾出现，并已成为古典审美标志之一，其余三种意象，在古典诗词中相对较为少见，但在现代文学及现代审美文化中却并不鲜见。尤其是在“五四”新文学运动初期，这些意象则颇为常见，它们往往象征着勇气与自由、圣洁与奉献、天真与自然。尽管这些意象在基督宗教文学及审美中亦不鲜见，但通读《山雨》整部诗集，发现其立意及立场，基本上仍属于世俗审美及世俗文化范畴。

《山雨》中所收三十七首诗，时间上最早一首《你去吧》，作于一九二一年七月三十日的庐山，时间上最后一首《呢喃》，写于一九二九年六月十五日，是刘廷芳二十年代诗歌作品的一部选集。整部诗集辑录三十七首诗作如下：

一、你去吧；二、再会（三）；三、青春；四、半夜对烛（七）；五、山中半封短信；六、儿童；七、路西旦梦德洛；八、阿的佛莲骚；九、别声（六）；十、未完的信；十一、去年今日；十二、津浦车中；十三、工作；十四、快乐（二）；十五、别后的恋（二）；十六、像她；十七、大连旅次；十八、渤海舟中（四）；十九、不敢；二十、狮子山坡；二十一、赴沪舟次天津观冰（六）；二十二、金陵道上（三）；二十三、小橘（四）；二十四、过落基山（四）；二十五、月晦；二十六、温柔；二十七、依路纯（二）；二十八、重游美南卓支亚省寄内子卓生；二十九、明珠（三）；三十、临风的哀祷（二）；三十一、你的（二）；三十二、依稀（二）；三十三、过美洲新大陆即景；三十四、秋风起后；三十五、沪杭道上（二）；三十六、呢喃（三）；三十七、归来

开篇一首《你去吧》，全诗由七部分组成，篇幅不短，前面四首，均写于一九二一、二二年的庐山，其中主题，界于岁月、自然、空间、因缘等，虽不至于说是“强说愁”一类，但大多还是不脱岁月、人生、境遇感慨一类。不过从中还是能够感受到刘廷芳在完全皈依基督信仰之前或者之际，其内心世界里多愁善感的一面，又或者文艺青年的一面。不过，其中还是有一些真实的生活信息，有益于帮助读者了解诗人曾经的人生经历，甚至有助于认识在成为一个基督信徒之前的那个“刘廷芳”生命成长的基本状况。《半夜对烛》一诗，正文标题中还有“追忆南美留学往事”，诗中所提及留学生活，基本上都是世俗教育的内容，譬如“这半篇西塞罗的演说，三首霍雷司的酒后歌，专心地研究”，“这可恶的西风，穿墙钻穴，向我不住的扑，但我自能拼死地相斗，直到你完了你的功课”，这显然是一个在个人奋斗目标与道路上努力坚持的青年；“三万里外求学，嚼三千年前的古文章，还要为国家同胞争口气”，这样的诗句至少表明，一九二〇年代初期，刘廷芳的精神信仰，依然是“五四”新文学和新文化时期一般知识青年的信仰，对于新思想、新文化和新文学，有着与同时代青年学子同样的好奇与兴趣，且尚未完全转入到基督信仰一途，另一方面，这些诗句或诗篇，也为我们解读刘廷芳这一时期的世俗诗歌和宗教诗

歌，提供了一个较有弹性的视角。

这些诗歌，按照当时的文学标准，都属于“新诗”，其主题抑或语言形式，皆为当时“新诗”所常见者。值得关注的是，就在《山雨》出版前一年，同样作为“风满楼丛书”之一种，刘廷芳的另一部新文学著作《疯人》，亦由北新书局出版。

《疯人》收《原疯》《上帝》《我的朋友》《稻草人》《睡中行走的人》《聪明的狗》《两位隐者》《施与受》《七个化身》《战争》《狐》《聪明的王》《新的快乐》《另一种方言》《石榴》《面脸》《更大的海》《完备的世界》等三十五篇用散文笔法写成的寓言。

《疯人》的《圣经》文学色彩，与前者《山雨》中的古典山林隐逸情怀之间，构成一种具有现代意味的文学及思想情感的对话性。这种对话性，在赵紫宸的《打鱼》中亦有所体现——当刘廷芳、赵紫宸将自己的文学书写，明确界定为“圣诗”“赞美诗”时，这种情感、思想及审美的“对话性”色彩，似乎要淡弱许多，相反，在一些并没有明示诗歌的性质的作品中，这种“跨界性”以及因此而产生的“对话性”，则较为明显。而这种现象，无论是对于研究认识现代中文基督教文学，还是研究认识现代中国基督教文学作家思想及审美的丰富性甚至某种意义上的复杂性，都是值得留意的。

二十世纪二十至四十年代——其中抗战时期中国基督教会及基督教事业遭遇极大挫折——不仅是中文基督教文学发展繁荣的时期，也是中文基督教文学与本土一般文学包括“五四”新文学保持接触对话并且建构相对和缓关系的时期。这种局面的出现，原因较多，其中教会内部像赵紫宸、刘廷芳这些基督教文学家们的个人努力和呼吁推动，应该说起到了相当大的作用。而且，在一九四〇年代末期刘廷芳不幸病逝之后，本土教会内部在如何进一步发展中文基督教文学方面所作出的倡议，亦与刘廷芳生前的

努力多有关涉和延续:

> 第一要充实教内刊物底内容，多多注意文学的稿子，把教内人士底文学眼睛开启起来;
>
> 第二要训练青年基督徒的文学才能，多多把基督教文学送到教外刊物中去，使我国文学青年注意到基督教;
>
> 第三要吸引教外成名作家到教内来，作我们底同志。

上述这些措施主张，几乎就是刘廷芳生前所倡导主张并践履笃行之举。

我们都知道，当年的燕京大学，也是一个中文基督教文学和“五四”新文学一度“结合”得比较好的文艺阵地，冰心、许地山、陈梦家，以及赵紫宸、刘廷芳等，这些作家的创作中，既有宗教文学的一面或要素色彩，又有“五四”新文艺或现代文学的种种追求与实践。其中刘廷芳的诗歌创作，就是上述情感、思想及文学实践相互交织的一种体现。

刘廷芳创作类文艺著述，并不仅限于上面的“风满楼丛书”中的几种。《真理与生命》连载有刘廷芳的《天恩萱爱小住楼未定草》（第十一卷第五期，一九三八年十月），这种类型的著述，在刘廷芳的“跨界性”的书写中并不少见。

三

这里还是顺便提一下与刘廷芳相关的另外一些历史信息。而这些信息也反映出，刘廷芳参与当时各种社会事务活动，要远超一般想象 。

《合作讯》第四十一期刊载新闻“清华燕京香山合办之农事讲习所开

学志盛，熊秉三刘廷芳冯友兰均到会演讲”一则，可见刘廷芳推动并参与当时地方农业教育事业之一斑。一九三〇年代刘廷芳在燕京大学教职外，还担任学校校长办公处秘书长。此职刘廷芳在燕京校务长司徒雷登离校赴美期间先后担任一年有余。一九三〇年八月十二日《燕大校刊》“校务纪闻”专栏中，刊登其申请辞去校务办公室秘书长一职、专司教职及研究心理学。

一九三六年第三卷第三期《燕大友声》“校闻纪略”栏目中，刊登“刘廷芳教授任立法委员”新闻。其中提到刘廷芳此间先后兼任的各种校内及社会职务：中国教育学会会长、中华基督教高等教育会会长。

一九三七年《月报》第一卷第六期，登载“刘廷芳等将赴欧出席四大会议”，这些会议包括在法国巴黎召开的国际心理学会，在英国剑桥大学举行的世界基督教生活与事工大会，在苏格兰爱丁堡举行的世界基督教信仰与政教大会，以及在英国剑桥大学召开的世界基督教现代主义派大会。参加这四个会议的中方代表有燕京大学教授、立法委员刘廷芳，华中大学校长韦卓民，金陵神学院教授毕范宇（美国人）。

刘廷芳去世之后，《协进》月刊一九四七年十月刊刊登赵紫宸的悼念诗。除了前文所引一首外，另外三首亦照录如下：

海外华佗不奈何，刀圭无术启沉疴。
呻吟真与同胞共，患难常因祖国多。
笔底文章争犀利，梦中志业郁嵯峨。
才华未见江郎尽，底事惊传薤露歌。

自得聪明自有知，情深才大趁当时。
言惊四座从容说，乐与群英慷慨施。
纯孝而今犹达礼，博文自古足为师。

盖棺事已凭人论，总荷皇天一片慈。

正喜老成硕果良，天风吹尔落遐荒。
可怜圣教才难得，不谓流年事有常。
广厦颓倾悲凤础，斗牛寂静失龙光。
满林樗栎知何用，资待弥殷日月长。

只是不清楚，赵紫宸先生在上述诗四首中所提“诗文争霸人难再”一句时，脑子里所联想到的，是否亦包括刘廷芳上述这些非基督教文学的现代诗篇。

注：

[1] 关于刘廷芳的出生，亦有文献标注为一八九一年。譬如刘廷芳病逝之后，教会内部刊物《协进》一九四七年第六卷第六期上所刊《刘廷芳博士史略》一文中，就如此说明，“刘博士浙江温州人，生于一八九一年，肄业于温州中学、圣约翰大学、美国哥伦比亚大学及协和神学院。廿九岁得到博士学位。返国后历任燕京大学教授，燕大宗教学院院长，国民政府立法委员。创办《紫晶》月刊，先后主编《真理与生命》《协进》月刊及《普天颂赞》。抗战时间，因身体多病，赴美修养并为国宣传。以病重，医疗无效，于本岁八月二日病逝，享年五十六岁。”不过，更多文献对于刘廷芳的出身时间持一八九二年之说，故在其病逝之后，称刘享年五十五岁。

[2]《胡适日记全集》，曹伯言整理，台北联经，二〇〇四年，第三册，第四五页。

[3]《胡适遗稿及秘藏书信》，耿云志主编，黄山书社，一九九四年，第四〇册，第四八至五〇页。

[4]《胡适日记全集》，曹伯言整理，台北联经，二〇〇四年，第三册，第四四九至四五〇页。

[5]《胡适日记全集》，曹伯言整理，台北联经，二〇〇四年，第六册，第五三七至五三八页。

[6]《胡适日记全集》，曹伯言整理，台北联经，二〇〇四年，第七册，第一一三页。

[7]《真光》，一九二六年第二十五卷第十二期，第六十九页。

话说三个“永嘉”

沈洪保

读一些文史文章，常看到一些作者把“古”永嘉与“今”永嘉混淆，把“大”永嘉与“小”永嘉等同，使年轻的读者、外地的读者，如堕入五里雾中，搞不清楚到底是怎样的一个“永嘉”。

“永嘉”这个地名说起来实在较为复杂，要认真对待，仔细区分，方能准确恰当地使用与表达。

一、古代的郡名永嘉

温州地处东南沿海，面向大海，背靠大山，相对地说在历史上是个蔽塞落后的地方，在秦汉、三国、西晋还没有建郡。直到东晋明帝太宁元年（公元三二三年），析临海郡温峤岭以南地置永嘉郡。这是永嘉郡建郡之始。永嘉两字的寓意是“水长而美”。当时辖永宁、安固、横阳、松阳四个县。建郡城于瓯江南岸，有郭璞卜城、白鹿衔花之传说。文学家孙绰、丘迟，大诗人谢灵运、颜延之，史学家裴松之都担任过永嘉太守。此时的永嘉是“古代的大永嘉”，其地域包括现在的温州地区以及现在丽水的部分地区。所以人们说谢灵运爱好永嘉山水奇丽，恣意遨游，足迹遍及永嘉，这个永嘉是指古代的大永嘉，即永嘉郡，不是指现在瓯北的永嘉县。谢灵运游过永嘉郡的鹿城、乐清、瑞安、平阳、玉环、青田以及今永嘉等地，都有留下诗作。谢灵运在今永嘉县境内留下的是《石室山》《登绿嶂山》等诗，但不能说遍游今永嘉，更不能说遍游楠溪江。写文史文章要以史料说话，不可凭自己的大胆想象，凭空去推测发挥。谢灵运在永嘉郡当太守，工作了一年时间就离任，他到过永嘉郡的许多地方，不可能都在楠溪江一带的今永嘉县“遍游”。

隋文帝开皇九年（公元五八九年），废永嘉、临海两郡，置处州（今丽水），州治在括苍（今丽水市），将永宁、安固、横阳、乐成合并，称永嘉县，永嘉作为县名开始于此。县城在原郡城（今鹿城）。这个永嘉县也是大永嘉，相当于后来的“温州地区”。

隋炀帝大业三年（公元六〇七年）改括州为永嘉郡，郡治在括苍（丽水）。辖永嘉、括苍、松阳、临海四个县。这个永嘉郡更是历史上的大永嘉，管辖几乎包括温州、丽水、台州三个地区了。

民国二十二年（一九三三年）四月，温州为浙江省第三特区；民国二十四年八月又改称为浙江省永嘉行政督察区，简称永嘉区，辖永嘉、乐清、瑞安、平阳、泰顺、玉环等六县。

不同时期，行政区划不断变化，说起来实在有点烦琐。比如在唐高祖武德五年（公元六二二年），置东嘉州，从括州中分出，自成一州，又把永嘉一县分为两县，瓯江以北为永宁县，瓯江以南为永嘉县。所以有许多变动是难为细细记述的。

二、温州的老的县名永嘉

到了唐高宗上元二年（公元六七五年），析处州，置温州，这是温州得名的开始。因其地处温峤岭以南，冬无严寒，夏无酷暑，气候温润，虽“隆冬恒燠”，所以称为温州。这时永嘉不是郡名，而是一个县名了。其地域大致是瓯江南的今鹿城区、瓯海区、龙湾区的大部分，以及今瓯北的永嘉县。永嘉县府设在鹿城。以后，历经宋元明清以及民国、新中国初期，永嘉县境基本不变。县治长期都设在鹿城城区，至今老城区还留下“县前头”“县后巷”“县城隍”等地名。我姑且称这个很长时期的永嘉为“老永嘉县”。因为永嘉不再是郡（地区），而仅仅是个县了。但由于历史的习惯，总有人还会把温州地区说成永嘉，把温州其他县的人说成永嘉人。如北宋“元丰九先生”之一，瑞安的沈躬行，康熙《温州府志》：“沈躬行，永嘉人。”而叶适《叶水心集》中却明确说“瑞安沈彬老（沈躬行字彬老）”。又如“永嘉学派”是南宋时期能够与朱熹理学、陆九渊心学成鼎足之势的重要学术思想流派，创始人是郑伯熊兄弟、薛季宣、陈傅良等，他们分别是温州、鹿城和瑞安人，稍后的思想家叶适也是瑞安人。他们不全是“老永嘉县”人，但世人却称之为“永嘉学派”。又如南宋诗坛独树一帜的诗歌流派，四位诗人的字号中都带有“灵”字，故人们称之为“永嘉四灵”。其实四位诗人中徐照、徐玑、赵师秀是当时的永嘉县治（今鹿城）人，翁卷是乐清人。他们全不是当今位于瓯北的永嘉县人。又因为许多著名人士是出生于“老永嘉县”时期的，所以报刊介绍他们都会说他们是永嘉人。再比如现当代著名的戏曲史论家、文学史家王季思（一九〇六—一九九六），祖籍永嘉永昌堡（今属龙湾区），出生于梧田上田村（今属鹿城区），书刊上介绍他都说是“浙江永嘉人”。台湾著名女作家琦君，报刊上介绍也会说“本名潘希真，浙江永嘉人”，而她的家乡是现在的瓯海区瞿溪乡。之所以会这样说，就是因为历史上今龙湾区、今瓯海区都是属于老的永嘉县的。因此，一定要引起注意，不要一看到“某某，永嘉人”就认为是当今的永嘉县人。

三、当今的永嘉县

一九四九年五月七日，温州和平解放。八月，原永嘉县的城区及郊区、梧田、永强、三溪、藤桥、西岸等划出设立温州市，直属省人民政府。一九五〇年五月，温州市郊的梧田、永强、三溪、藤桥四个区划回永嘉县，县治在九山河边。直到一九五八年八月，梧田、永强、三溪、藤桥、西岸等五个区重划给温州市管辖，永嘉县治从城区九山河边迁至上塘。从此，永嘉县的地域就只限于瓯江下游北岸了。瓯江下游南岸的原属老永嘉县的地域，现在分别是鹿城区、瓯海区、龙湾区。

现在有些文史学者，把历史上、字面上有“永嘉”两字的，统统拉去说成“今永嘉”的人或事，实在是很不当的，这种治学态度实在是欠严谨的，“今永嘉县”与“老永嘉县”、与古代的“永嘉郡”，大多人与事都是风马牛不相及的。有些人不知是无意还是有意这样去对待历史，其结果，必定会混淆了视听，扰乱了历史。有些人为了给自家的历史贴金，为了提高自家的知名度，不顾史实，故意模糊，是违背实事求是的治学精神的，是明显的不正之风的表现，实在令人遗憾。

行政区划调整是我国自古以来就经常出现的事情，而且直到今天仍有人以各种理由在竭力鼓吹区划调整。

不断的区划调整往往让后来的搞历史地理的学者为此大伤脑筋，“永嘉”名称就是一个典型。区划调整会不会打破原有的历史文化脉络？这也是值得探讨的。

二〇二〇年五月二十六日

日本史料中的温州莲花心之战

王长明

二〇一八年底，我与周保罗先生合作完成了专著《温州莲花心抗战史研究》。我们综合运用文献研究、田野调查等手段，还原了这场温州最大最惨抗日战斗的基本史实，澄清了若干重要悬疑。但因为当时掌握日本史料太少，故而该书在中日史料间相互印证上还很不到位，对战斗进程的细节呈现还很不充分。去年秋，获知侵华日军第七十师团史——《枪部队史》中有关于温州莲花心之战的记载，便多方寻找。嘉兴岳钦韬先生分享了此书的拍照版，可惜温州相关部分未拍。最终通过新加坡国立大学在读博士、温州籍王思思同学，委托她在日本大阪大学读博的同学王睿，从日本国立国会图书馆关西分馆复制了该书第十六章《浙闽作战》（主要记述一九四四年丽温战役）。今年春节期间，作为日语初学者的我借助各种工具，并在夏新天、夏志鼎父子及朱弘、王思思、王睿诸师友帮助下将其译为中文，共约两万字。本次选编的是其中莲花心之战的相关内容。

这份日本史料与中国军方史料（如《丽温战役战斗详报》《丽温战役专辑》）在重要事件轮廓、主要时空轨迹上完全吻合，从而印证了我们在《温州莲花心抗战史研究》中所呈现的基本史实和所得出的主要结论。比如一九四四年莲花心之战始于九月十日前后，结束于同年旧历八月十六即公历十月二日晚。中方第六十二团团长陈章文所称同年十一月至十二月间的莲花心战斗并不存在。其他如整个战斗经历日军三次占领、国军两次夺回之反复争夺的惨烈过程，双方记载也完全一致。该书还称己方“死伤者不断”，“敌人的攻击执拗至极，并且增加兵力反复攻击”，可视为其对中国军队的客观评价。

相对于中国军方史料的粗略、宏观，《枪部队史》显示出日军战史的细致、生动，甚至不乏文学色彩的普遍特点。比如初次提到某地地名时，不忘注明它与某个重要地点的相对位置关系，如“横塘山（温州南两千米）”，“黄石山（温州东南方约十六千米）”，写到柟溪江时不忘在其后括注：“柟”即“楠”。甚至在记述莲花心最后决战时，还以“虽然云薄月昏，但夜色并不暗，残夏的微风在脸上吹拂，天地寂静”等语句生动描绘战地夜景。

当然该书也有少许错误。如将“莲花心”写作“莲花芯”，而中国史料，无论是民国时期的战报、地图、电报，还是中华人民共和国成立以来的档案、地名志，均写作“莲花心”，只是近些年才被人加上草字头。此外，将一九四四年中秋节的公历日期误为十月三日，实为十月一日，还将温州城东侧的海坛山误作南侧，将大平山误写为“太平山”，将一百五十米至一百八十米高且邻近大平山的渚浦山和营盘山误作“双坟山和营盘山”。上述问题在翻译时均已校改。为利于读者对比参照，我还在译文中夹注了中国《丽温战役战斗详报》及日本相关史料的对应记述。

另外，《枪部队史》中所采用的温州地名基本是以民国军方二十世纪

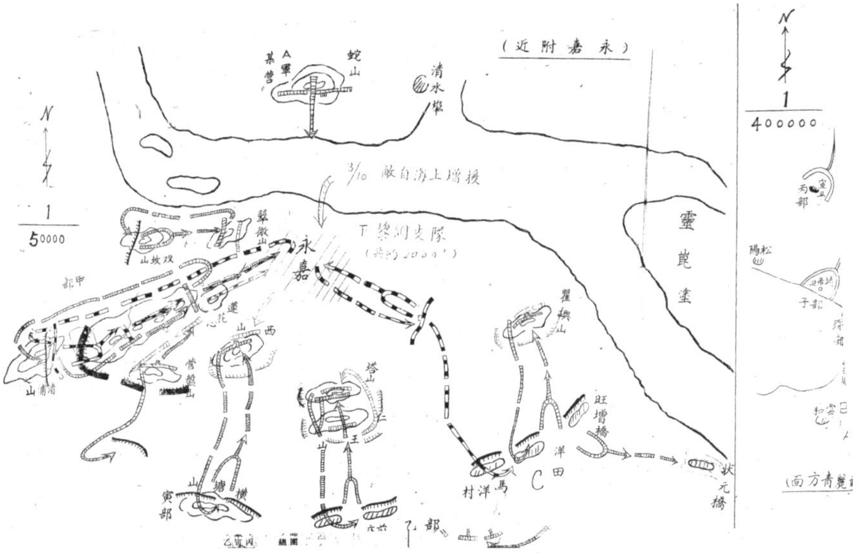

一九四四年中国《第三十二集团军丽温战役经过要图》（永嘉附近）

二十年代测绘的永嘉县北部、南部等地形图为依据。其中“营盘山”为今景山公园内诸山统称，其主峰标于今温州动物园东面杨府庙所在之山头。“莲花心”指从今景山茶花园到渚浦岭的山体，其主峰标于今动物园北门外桃花园附近，“营盘山以南四百米无名高地”指今景山公园龙盘山（青莲寺南侧），“一八七.七高地”指今景山公园之白泉山（民国地图标高一百八十七点七米）。“双坟山”“渚浦山”“横塘山”分别指今黄龙山、君子峰与牛山，“塔高地”指巽山（国军称塔山，山上有宝塔）。唯有“适处山”比较特殊。书中记载温州城东过灰桥距城区五公里有适处山，由此确定为当指今杨府山。而民国军用地图、战报均作“瞿屿山”，日军这一称谓是何来源，待考证。

中国军队的反攻与后藤大队

就这样，作战（指日军由武义南下，经丽水等地第三次侵占温州，译者注）结束了。但此后是温州作战的亮点，作为战记读物，如果不谈坚守温州城的后藤大队对于中国部队反攻的奋战，就不能结束本章。

回到占领温州的时候，我们来讲述该大队的战斗。

如前所述，该大队是独步第四七大队长后藤少佐（少候七期）指挥的矛部队（第六十师团）与枪部队的集成，有一般中队四个，矛部队的中队长是贯井英次中尉（现姓町田，陆士五十五期）和元木干二中尉。枪部队的中队长是矢部辉夫中尉（独步一〇四大队）和岛谷乙吉大尉（独步一二一大队）。

叙述一下温州城外附近的地形与兵力配备。

温州北接瓯江，东、西、南面是溪流地带，只有西侧有城墙，东侧海坛山高地形成了自然的城墙，这里有大队本部和矢部中队。东面一出城就被溪流所围绕。矢部中队的小村小队在西城外两千米的翠微山（约五十米高的独立高地）。翠微山西南为双坟山，两座山的山麓相隔约五百米，双坟山西侧为山谷，其对面为渚浦山。

贯井中队位于城内西南角，其前方城外一千五百米抵达营盘山麓，贯井中队第三小队（桥本准尉）在营盘山，其中一个分队在那座山深处的山峰——莲花心。渚浦山和营盘山是一百五十米至一百八十米的山，其后方是大平山。

城外南侧是一片溪流地带，距城约一千米是塔高地，元木中队的主力在这里。城外东方过灰桥，距温州五公里有适处山，驻有元木中队的出町小队。这里沿河往东两千米有狭长的村落——蒲州。

十一日左右，新编第二十一师第六十一团与国际突击队第三队（中英合作创办的陆军突击总队之第三突击队，译者注）向渚浦山、双坟山前进并占领阵地。暂编第三十三师第二团在横塘山（温州南方两千米）附近进出，与元木中队对峙。

九日夜，岛谷中队在灰桥过夜，翌日，占领了瓯江口南侧要点黄石山（温州东南方约十六千米），并准备构筑阵地。

日军主力渡到北岸，向磐石方面转进，中国军队为了夺回温州而压缩了包围圈。一走出温州，就能看到敌影。

……

贯井中队

中队在进入温州城后立即占领了阵地，以确保城西南角，派出了一个小队（桥本准尉，机关枪一分队配属之）去确保营盘山，在离前方敌人很近的莲花心高地布置了一个分队以警戒阵地。

中队为了侦察敌情和勘探地形，频繁派出侦察兵努力收集情报，构筑阵地加强防御态势，警戒森严。自九月十日前后敌人的活动变得活跃起来，我方侦察兵和敌人的小部队不期而遇地发生了冲突，处于交战状态。

（《丽温战役详报》：九月十日，“我一部进抵营盘山、横塘山之线，与敌保持接触，并行威力搜索，主力集结西门村、大平山及其西北地区准备迫攻城垣”。）

此后敌人增加兵力开始攻打阵地，营盘山和莲花心及附近高地出现敌兵充斥的情况，与此相对应，为了防御战，休养、粮食的补给搬运也因受到妨碍而无法进行，简直成了孤立无援。

营盘山附近高地是温州防卫上最重要的据点，如果敌人控制了这一带高地，敌人必然会像决堤一样冲进温州城里来。因此，由现役军官（贯井英次中尉，陆士五十五期）率领的中队被配备到这里。

陷入敌手

九月十三日，敌人以强大的兵力攻击莲花心阵地。我一个分队勇猛果敢地反击并防御，死伤者不断，因为敌人的攻击执拗至极，并且增加兵力反复攻击，所以我方为了避免兵力的消耗，暂时放弃了阵地，以待他日收复。

（《丽温战役详报》：九月十三日，“龙部着迅向营盘山，占领灰炉村、西山、莲花心之线”。）

十五日夜为了夺回莲花心，中队成一列纵队，悄悄地接近了阵地。在敌前七十米散开，右边是小川小队，左边是中队长以下的指挥班，散开并做好突击准备。但是在黑暗中确认地形后发现前方是一片陡峭的梯田，我们觉得很难迅速突进。

笔记

这时听到“杀呀”的声音，就遭到一齐射击，很多手榴弹扔了过来，爆炸时的闪光像烟花一样，火柱林立。爆炸声震耳欲聋，震动地轴。

中队长就在现场，死伤者不断是显而易见的，与其坐以待毙，不如死中求生，下定决心进行突击。贯井中尉挥舞着军刀在火网中突击，部下的官兵跟随着誓死突击前进。

中尉双臂被击穿，跌倒后摔落到悬崖下，好不容易被树枝挡住停了下来。上面的敌兵则重重地跌落下来。白刃面前中国兵很胆怯，通常会放弃阵地退却。莲花心高地回到了我方手中。被救上来的中队长扭伤左脚不能步行。该阵地由桥本小队确保。

（《丽温战役详报》：九月十五日，“敌殊觉危殆，乃于本夜并力向莲花心、营盘山李部阵地强袭，守备部队之第二营拼命抵抗，迄晚前卒以伤亡过重，其第五连仅剩二十余人，该地遂陷敌手”。）

二十四日，在上述矢部中队攻击渚浦山之际，负伤的贯井中尉没有出动，吉田小队从营盘山出击，出乎敌人意料，击退了敌军的炮兵部队。

（《丽温战役详报》：九月二十四日，“拂晓前莲花心之敌纠合四百余，附炮两门，分两路猛犯我六十一团渚浦山、双坟山阵地，战斗极烈，迄午敌炮火集注于该两据点，反复争夺，伤亡互重，一度陷落，当即严饬黄团策应右翼龙部攻敌右侧，敌势不支，遂将渚浦山克复，唯双坟山受营盘山炮火支援迄夕尚在争夺中……此役敌我搏斗惨烈，我伤亡连排长数员，为本回战役最甚之一次”。九月二十五日，“拂晓前，六十一团一营乘夜暗反攻双坟山，敌凭工事顽抗，激战至三时十分，我复增援，分路乘大风雨交作之际突入，敌始不支，纷向翠微山撤退，即于四时顷克复双坟山”。）

九月末敌军炮兵部队再次占领渚浦山阵地，开始炮击营盘山和莲花心。与之相呼应的正面敌人再三向莲花心突击，我军大队炮射击后，敌军炮兵好像还击了数倍的炮弹，我军炮弹缺乏，敌军的一发炮弹在我大队炮附近爆炸，炮被炸坏。小队长保板少尉在炮旁战死。

（参加过此战的日军老兵横山松次在《军队生活四十个月之回顾》中写道：“在数日前与敌交战中，我们遭到迫击炮弹的直击，大队炮无法使用，大队炮小队出现了少尉以下数名战死者和数名伤员。而第二中队几乎死伤殆尽，只剩下贯井中队长以下十几人了。中国军队以两个师和国际突击联队缩小了温州的包围圈，为夺回温州而开始了猛烈进攻。营盘山阵地被敌军夺回。这个敌军阵地被我联队炮炮击，第一发就命中了，是在三千四百米的距离发射的，连着向敌阵射入几发炮弹。敌人阵地上的伤者不断，被担架一个接一个地抬下山。营盘山在第三中队的增援下，当夜十几名贯井中队队员发起决死夜袭，再次夺回了阵地。”）

莲花心的激战和岛谷中队的赴援

十月二日早晨，敌人排成一列横队，对桥本高地（莲花心阵地），一边投掷手榴弹，一边突击，被多次击退。我们的机关枪被敌人的炮弹摧毁了，步枪子弹和手榴弹都用尽了，只有依赖旺盛的攻击精神和刺刀。九时，一阵激烈的炮击之后，突击接踵而来，于是很多敌人闯入了阵地内，在各处展开了白刃格斗，我方死伤者不断。十时顷，因寡不敌众，桥本高地敌影充斥，这里就这样易手了。

夺取了该高地且战意旺盛的敌兵显示出了攻击营盘山的迹象。中队长向大队长汇报情况，决心以夜袭攻克桥本高地，并收容战死者的尸体。此前一天，已经接到增援命令的岛谷中队正向该方面急进。

（《丽温战役详报》：十月二日，“遂再励士气，举力做最后决战。晨曦甫见，激战复起。罗师以六十二团第三营续向外莲花心攻击，第五峰

笔记

外莲花心第五峰高点东侧现状（王长明摄于二〇一七年十月二十日）

步兵山炮重炮炽盛，火力掩护下逐渐攀登，七时顷全力梯次迫近至三四十米前，即于死角内就冲锋准备位置，七时二十分齐举白刃如狂飙骤起冲入敌阵，往复肉搏，三进三出，宛如怒涛相推，歼敌过半。八时三十分残敌七十余人于我枪声刃影之下狂奔逃命，我遂完全攻占外莲花心”。）

适处山战斗

位于下蒲州的岛谷中队的周边也被敌人包围，要去往近在眼前的温州，也要从敌中突破才行，而弹药几乎没有了。

十月一日早晨，岛谷中队的后藤小队突然袭击敌人的背后，成功与出町小队取得联系，把弹药和粮食分给他们，加固了一部分阵地，并回到中队。后藤准尉在这一战斗中右手被迫击炮弹击中，负重伤，但还是指挥小队到最后。

同日傍晚，收到了由船运来的弹药。岛谷中队在十五日（旧历八月十五，译者注）午夜的月光下向温州出发。

黎明前到达了适处山附近，正如之前所命令的那样，把桥本小队（桥本金三少尉）留在适处山增援。天一亮，敌人就以包围的队形开始一齐攻击适处山。中队绕到敌人背后偷袭，敌人暂时退却了。看到这种情况，岛谷中队向温州急进。二日九时许，到达了大队总部所在的温州西南角附近。

营盘山周边高地的战斗

岛谷中队到达的时候，桥本高地的攻防战正在进行中，大队长接到贯井中队长的报告非常紧张，一般认为大队长是在十一时左右知道情况的。

笔记

接到协助贯井中队桥本高地的命令，岛谷中队准备好直接给贯井中队补给的白薯和弹药，匆忙吃了午饭就向营盘山附近出发急行。

配属给岛谷中队的机关枪、大队炮一分队在贯井中队攻击桥本高地时进行适时掩护，以占领该高地东南约五百米的一八七·七高地为目的，在那之前，为了夺取营盘山以南约四百米的无名高地而攻击前进，下到山谷的中队以金崎小队为首突入敌阵，十三时占领无名高地。

中队长接下来对一八七·七高地进行攻击，因为昨夜以来就没有吃饭，配属的重武器分解搬运都感到困难。没有生薯啃，在忍受空腹的同时，做好了周密的攻击准备，并下了死命令：

一、 准备对敌方重机枪预想地点进行大队炮射击。

二、突入第一线时准备消灭敌方侧防火器。

三、到第一线突入为止机关枪不中止掩护射击，到了超越射击的极限时，对于每个点转轮一个接一个地延伸，继续超越射击。

十四时攻击开始，在重武器的支援下前进，接近敌前两百米时无视敌人的火网，一举突击敌阵，投掷手榴弹，腰间架起刺刀，成群跃入敌兵中。

一度抵抗的敌军，在我方白兵战面前，恐惧崩溃，四散溃走。遗弃尸体五十以上、重机枪一挺，步枪丢弃了很多。

占领了高地以后向南方的敌人方向望去，可以看到一群中国士兵，好像是患者收容队，可以看到很多担架。我方出于武士的同情心，一律不开炮，对担架队视而不见。

再次夺取莲花心高地

大队本部向营盘山前进，下定决心要活着回来。贯井中队长以下拜受了大队长恩赐的香烟，中队长拔刀向大队长行了诀别礼。

在大队长以下本部军官一同的注视下展开攻击，贯井中尉不能进行不像样的指挥，现役军官为自己的颜面下定了就算死也要成功的决心。

中队含枚疾进，中队长在途中掌握了桥本准尉以下的幸存者，部署指挥班和吉田小队从正面、桥本小队由右侧攻击。

匍匐接近阵前约七十米，中队散开，伺机突击。虽然云薄月昏，但夜色并不暗，残夏的微风在脸上吹拂，天地寂静。

注意到好像是步哨的人影，似乎在预期的夜袭的方向——东方一八八·七高地岛谷中队的正面。事实上，金崎少尉以下的十六人也从该方向靠近敌阵，敌军注意力集中在那个方向，就好像没察觉到北侧山脚下日本兵悄悄地趴在下面一样。

许多敌人似乎都埋头于构筑阵地，但时不时地大声喧哗。难道是发现了异常状况吗？屏住呼吸趴下，时间就这样过去了，老天终于给了我军一个机会。

仰望十六（旧历八月十六，译者注）夜晚的月亮，一片厚厚的云层不是越来越近了吗？各个士兵摘下了手榴弹的安全装置，好像是因为注意到了声响，敌人消失进入了战壕。这时突然变黑了。

已经抬起半截腰，紧握着手榴弹，做好了准备的散兵，随着中队长很低但很用力的一声“前进”，将手榴手投进壕中，只想为战友复仇。在注入了如火焰般燃烧气势的刺刀面前，敌人不知道如何抵抗，惊慌失措，目瞪口呆地被熟练的刺刀刺穿胸膛。

金崎少尉以下从侧面跃进，一场混战就这样在一瞬间决出了胜败。

面对雪崩般败走的群敌，安置在一八七·七高地、从白天就开始瞄准的我方机关枪预料到这个事态，向其猛烈射击，这些曳光弹都射在了敌人的背上。

笔记

中队长从图囊里取出携带的报纸点着，燃起篝火，看到这个，知道攻击成功了，大队长以下流下了眼泪。

冈本军曹以下的死尸被收容并厚葬，机关枪的腿也取回了。此后，敌人放弃了夺回温州的念头，在温州附近看不到敌人的影子。

（《丽温战役详报》：十月二日，“职师本日攻占莲花心后，敌得援于十四时后全线向我反攻……激战至十七时三十分第二连伤亡重大，营盘山复陷敌手，双坟山反复争夺失而复得者两次……敌攻下营盘山后，即合力继续向我外莲花心猛攻，先以火炮猛击，旋又集中机枪火力掩护，不断猛冲，同时因我外莲花心甫经攻占，工事未固，石营反复争夺，牺牲殆尽，外莲花心遂于二十二时复陷敌手”。按职师即新编二十一师。）

……

以上实质性的作战在十月上旬结束。

（《丽温战役详报》：十月五日，“各部均各准备防务及移动中，当面敌无动静，至此永嘉城之争夺战遂暂告一段落”。十月六日，“电令罗师长，着该师即夜出发，务于拂晓前全部通过天长岭，经青田开回丽水整训”。十月十一日，“陈副总司令率原部人员返浦，浦指浦城，前进指挥所撤销。”按，罗师长即八十八军副军长兼新编二十一师师长罗君彤，陈副司令即第三十二集团军副总司令陈沛。）

谈谈古诗词吟诵

姜嘉镳

一、吟诵回归的缘起

四十二年前的一九七八年，改革开放初始，经济开始复苏，活跃的文化生活接踵而来。一九九二年八月，福建省南安县武荣诗社和江西省白鹿洞书院联合举办中华诗词吟诵研讨会。来自全国各省市的吟诵爱好者一百多人汇聚一起，我有幸受邀参加会议。大家带着各自方言上台吟诵，交流探讨，我也吟诵了范仲淹的《渔家傲》“塞下秋来风景异”和苏东坡的《江城子》“十年生死两茫茫”，另外还和中央民族乐团的戴学忱老师同唱了毛泽东的诗词《蝶恋花》“我失骄杨君失柳”，会场气氛热烈。会后各自回到本地广泛开展活动。在此基础上，中国语文现代化学会吟诵分会成立大会暨第一届理事会于二〇一〇年一月二十四日，在首都师范大学召开。自此，各地吟诵学会纷纷成立，吟诵活动向全国铺开。

笔
记

二〇一二年四月一日下午，两位嘉宾，来自中华吟诵学会的副秘书长朱立侠和办公室主任赵志军光临寒舍，全程录像我的古诗词方言吟诵。

近年来在大家的共同努力下，吟诵活动在全国各地逐步复兴，目前系统学习过吟诵方法的教师已有上万人，几十个城市已经组织开展了吟诵和宣传活动。温州吟诵学会在徐素容、陈胜武诸君的努力下于二〇一四年成立，此后并于每年春节举行年会和吟诵活动，得到吟诵爱好者的广泛欢迎，而且不少教师向中小学生开展普及活动，并且每年参加全国大赛屡屡得奖。

二、古诗词吟诵腔调的来源

吟诵，简而言之就是有感情地朗读。古人说，读书百遍其义自见，书读多了自然也会发出一种吟哦之声去抒发感情，展现意境，品味音韵。古诗词吟诵，各地有各地的腔调，如电影《刘三姐》里地主老财和刘三姐们的即兴对诗，摇头晃脑令人啼笑皆非。其实吟诵一般都是在地方童谣、民谣、民歌，以及地方曲艺的熏陶之下产生的。如浙江瑞安的童谣《燕儿》——

燕儿，燕儿，飞过殿儿；殿门关，飞过山；山也平，地也平，飞过打虎岭。

又如《烧茶》——

天上雄黄，地上冰糖。哥哥挑水，妹妹烧茶。

这些方言童谣措辞浅显，节奏短小，短句一韵到底（温州瑞安方言“关”“山”同韵；“黄”“糖”“茶”同韵），长句换韵，读来上口，好学好记。

二十世纪六十年代，我们经常下乡采风，收集了很多温州民谣，如《娘饭香》，那是稍微带有简单腔调了——

娘饭-香—，夫饭-长—，兄弟-饭碗-是-刀枪—，

娘家—饭碗-风雨-大—，胞夫—和贵-后日-长—。

这首民谣句式短小，一韵到底，明白如话，通篇充满着旧社会家庭的伦理观念。

又如《放黄牛》——

五更—金鸡—叫落-楼—，大嫂—叫小叔—放-黄牛—，

箬笠-挂在-金钩—上-，糖陷-麦饼-饭镬-头—。

整首民谣通过细节描写，生动形象地表现了嫂娘对小叔的关爱，读来令人为之动容。

再譬如，地方曲艺对吟诵的影响也较大。温州鼓词的开头叫“词头”——

春日-春山——春水-水流——，春田—春草-放-春牛——，

春花—开在-春园—里-，春鸟-歇在-春树-头——。

年少时，听长辈躺在床上吟唐诗，也是带着这样腔调的味儿：

云淡-风轻一近午-天一，傍花一随柳-过前一川一，

时人一不识-余心一乐-，将谓一偷闲一学-少年一。

这可以说是吟诵的雏形。

其实真正学会吟诵必须过“师承”这一关。吟诵是非物质文化遗产，它必须经过一代一代人的固有腔调身传口授，方能得以传承。

一九五九年我就读温州师院中文系，执教《中国文学史》的是游任逵老师。他原籍瑞安，抗战时期以第一名的成绩毕业于西南联大历史系，博闻强记，国学功底深厚。他在讲魏晋南北朝文学史时，选读的作品是南朝民歌《西洲曲》。这是中国文学史上以民歌为体裁的扛鼎之作。朱自清先生在他的名著散文《荷塘月色》里曾引用《西洲曲》里的佳句：“采莲南塘秋，莲花过人头。低头弄莲子，莲子清如水。”游老师一边精细分析作品一边情不自禁地微闭双眼，以略带沙哑的嗓音轻轻摇头吟诵，博得满堂掌声。他还教我们用方言掌握平仄。他说北京人平仄不分，我们温州人保全丰富的古音韵，用方言一读就能分得清楚。就此我们就跟着游老师反复诵读，便熟练掌握了四声，把《西洲曲》也背得滚瓜烂熟了。

另一位授业老师叫翁达藻。他在二十世纪三十年代曾执教于复旦大学并担任过《浙江日报》总编辑兼主笔，通今博古，学术水平很高，后从上海师院调入，教我们《中国通史》。

二十世纪六十年代初，上海人民艺术剧院到温州演出。演员们为了提高文化修养，利用业余时间到温州师院与师生们进行朗诵艺术交流并向翁老讨教古诗词吟诵。翁老讲到兴头上，就起立摇着花白的长胡子一边用脚板敲地，一边用上海话高吟毛泽东的诗词《采桑子》：

人生一易-老-，天一难-老-，

岁岁-重阳一今又-重阳一，
战地-黄花一分外-香——。
一年——度-秋风一劲-，
不似-春光一，胜似-春光一，
寥廓-江天一万里-霜——。

翁老的“脚板敲地吟诵”，忽然使我想起李白的《赠汪伦》：“李白-乘舟一将欲-行一，忽闻一岸上-踏歌一声一，桃花一潭水-深一千尺-，不及-汪伦一送我-情——。”李白与友人汪伦道别时，汪伦在河埠头踏歌送行。原来古人吟诗就有“踏歌”这一举。于是我就模仿翁老的《采桑子》用脚尖打拍子吟将起来。

再者，就是聆听杭州大学一代词宗夏承焘先生给我们中文系师生讲宋词。他诵读李清照的《如梦令》全是用杭州官话和温州方言混搭的：“昨夜-雨疏一风骤-，浓睡-不消一残酒-。试问-卷帘人一，却道-海棠一依旧一。知否-？知否-？应是-绿肥一红瘦一。”其中特别是“风骤”的“骤”字，“残酒”的“残”字，“海棠”的“棠”字，以及“依旧”的“旧”字，其发音都是采用浓重的温州方言的浊音，听来尤其入耳。往后也就采用夏先生的方言诵读了。

还有，原籍平阳的王皋彤先生（语文出版社一九九四年曾出版过他编的《青少年唐诗读本》）给我们讲《中学语文教材教法研究》课。每逢讲到中学语文中的古典诗词，他也会带着浓重的平阳方音吟诵，给我们以启迪。

如辛弃疾的《水龙吟——登建康赏心亭》：“楚天一千里-清秋一，水随一天去-秋无一际-。遥岑一远目-，献愁一供恨-，玉簪一螺髻-。落日-楼头一，断鸿一声里-江南一游子一，把吴钩一看了-，栏杆一拍遍-，无人—会-登临—意—。休说-鲈鱼—堪脍-，尽西风—季鹰—归未-？求田—问舍-，怕应—羞见-，刘郎—才气-。可惜-流年—，忧愁—风雨-，树犹—如此—。倩-何人—唤取-红巾—翠袖-，揾—英雄—泪——。”这是辛弃疾在宋孝宗乾道五年（一一六九）在南京做通判（州府行政长官助理）时所作。作者到任南京前后一直备受压抑。词中充满了作者报国无门、壮志难酬的悲愤。王先生吟得很有感情，我们也就跟着学。

三、“吟”和“唱”之不同

二〇一七年五月，温州大学第二十五届校园文化节闭幕式，举办了中国诗词吟唱音乐会。其实吟和唱是两个不同的概念，吟是对古诗词反复诵读所形成的简单的腔调；唱，是作曲家在对古诗词内容深刻理解的基础上，配以复杂的音乐旋律，再经过演唱者对乐曲不同的处理而完成的。如胞兄姜嘉锵演唱的李白绝句《黄鹤楼送孟浩然之广陵》，那是作曲家刘文金根据对诗的感情和意境的深刻理解，再配以优美的旋律，组成乐曲，继而由歌唱家的二次创作来完成的。如果把吟和唱混搭在一起，学习诗词必须先会唱，那么我们的中国优秀古典文学的传统就绝少有人传承了。著名古典诗词音乐研究家傅雪漪先生在《中国古典诗词曲谱选释》里指出，“从音乐方面来看，文词与乐谱并存的，目前较早的只有南宋时姜夔的《白石道人歌曲》十七首，可研究试唱”。姜白石是著名的词人兼作曲家，他流传的作品一般都以工尺谱的形式传世。关于宋词的曲谱，我们可以补充说几句。词，又称曲子词，“曲子”它是从唐代以来配合当时的音乐而新兴歌词发展而来的，原先为乐曲配唱，后来逐渐脱离乐曲而成为独立的文体，这种文体就叫“词”。每首词最初都有与其相配的乐调，这就叫作词牌。每一词牌为配合乐曲，在字数和声韵等方面都有特定的曲谱格律形式，这就叫词谱。词的最初出现是和曲谱相辅相成的，词人创作时，先要选定曲牌，然后根据旋律的走向进行填词，完成一首词的创作。后来随着词这种文学样式的发展，越来越多的文人依据词的字数格律和音韵投入创作，为此词谱也就慢慢地消失了。数以千万计的唐诗宋词是咱们中国优秀的文化宝库，其作者绝大部分不是作曲家且能以工尺谱传承，更不用说有几个人会认得曲谱能唱呢？

四、吟诵的基本技能是掌握平仄

唐代大诗人杜甫，他写诗有一句名言“吟安一个字，拈断数茎须”，可见他写好一句诗是要费尽心血的，不仅要推敲内容，而且要考虑韵脚和平仄。

我们一般所吟诵的古诗词都是指近体诗即唐代形成的律诗和绝句以及宋代形成的长短句，它们是按照古诗词的格律组合而成，如唐朝诗人贺知章的《回乡偶书》：

少小-离家—老大-回—，乡音—无改-鬓毛—衰—。

儿童—相见-不相—识-，笑问-客从—何处-来—。

诗人在年轻气盛时，怀抱理想离开家乡四处闯荡，意欲为社会做一番事业。到年老，回归故里，乡音未变，鬓发却已疏落，容颜也变得衰老了。儿童看见陌生的自己不认识，笑着问，这位客人从何处而来？

这是一首七言绝句，是根据特定的平仄和音韵以及节奏组合而成的，其平仄排列如下：仄仄平平仄仄平，平平仄仄仄平平，平平仄仄平仄（平）仄，仄仄平平仄仄平（一、三、五字不拘）。其韵脚就是根据

笔记

“灰”韵来押（南宋时平水人刘渊所编《平水韵》之一〇六韵之一）。节奏就是七言四拍。我们根据古音韵的节律来吟自然上口，听来悦耳。古声调分平声和仄声两个调，平声可分阴平和阳平两个调，这是根据发声的清浊来分的。除平声之外，其余上、去、入三个调都属仄声。明王骥德著《曲律》（叶长海注释）卷第二：“论平仄第五。四声者，平、上、去、入也。平谓之平，上、去、入总谓之仄。曲有宜于平者，而平有阴、阳……盖平声声尚含蓄，上声促而为舒，去声往而不返，入声则逼侧而调不得自转矣。”唐人处忠所著《元和韵谱》说：“平声哀而安，上声厉而举，去声清而远，入声直而促。”流行的“四声歌”则说：“平声平道莫低昂，上声高呼猛烈强，去声分明哀远道，入声短促急收藏。”各种说法可以互相参照。

现代汉语的语音声调分四个调，即阴平、阳平、上升、去声，阴平、阳平为平声，上声、去声为仄声。如“中”“东”“公”“空”都是第一声，属阴平；又如“言”“前”“人”“晨”都是第二声，属阳平；再如：“扁”“浅”“勉”“脸”都是第三声，属上声；又如“战”“看”“汉”“干”都是第四声，属去声。

因为古诗词是根据古声调而组合的，现代汉语中仄声的入声消失，分散在阴、阳、上、去中，很难寻找。温州方言储存大量入声，用方言一读就可分辨。如“一、七、八”，普通话读阴平，温州方言全归仄声的入声了。

如何掌握古汉语和普通话的平仄呢？古汉语的平仄，我们就可以利用熟悉的温州方言来掌握它。古汉语的声调与温州方言的声调同样可分为“平、上、去、入”四个调，温州方言的声调不仅仅可分为四个声调，“一”字普通话读平声而用方言读就是入声、属仄声。一个汉字的温州方言发音又可读出八个声调，即清四声和浊四声。清四，发音时声带轻微振动，浊四，发音明显震颤。如清四，“东、懂、冻、咚（小物件掉进水里发出的声音）”，其对应的浊声就是“铜、桶、洞、筒（量米的器具）”；又如“西、洗、世、锡”其对应的浊音是“齐、社、谢、席”；再如“低、底、帝、的”，其对应的浊音是“提、弟、递、笛”。不论是清音第一声“东、西、低”，还是浊音第一声“铜、齐、提”，都是平声，其他清三声“懂、冻、咚”“洗、泄、锡”以及“底、帝、的”，或者浊三声“桶、洞、筒”“社、谢、席”“弟、递、笛”，“上、去、入”都是仄声。综上所述：平声舒缓，发音是展开的；仄声是短促的，表达一种戛然而止的复杂感情。

五、吟诵的灵魂是感情

诵读古诗词的目的，就是为了反复熟悉内容，掌握感情，从中受到启迪。如范仲淹的《渔家傲》：“塞下-秋来一风景-异-，衡阳一雁去-无留一意-，四面-边声一连角-起-。千嶂一里-，长烟一落日-孤一城一闭-。浊酒-一杯一家万-里-，燕然一未勒-归无一计-。羌管-悠悠一霜满-地-。人一不寐-，将军一白发-征夫一泪——。”

范仲淹既是北宋时的文臣又是武将，他能写出名垂千古的《岳阳楼记》，“先天下之忧而忧，后天下之乐而乐”，又能尚武镇守边关。这首词是范仲淹任陕西经略副使，镇守西北边疆时所写。上片描写秋到边塞的环境，下片抒发将士们守边和思乡的复杂感情。“塞下秋来风景异，衡阳雁去无留意。”秋到边塞风景发生异常变化，大雁南归，没有一点留恋的意思。“四面边声连角起，千嶂里长烟落日孤城闭。”太阳落山了，四面的边声随着少数民族的羌笛呜呜而起，深山丛中孤独的城门紧紧关闭。“浊酒一杯家万里，燕然未勒归无计。”端起一杯浑浊的酒，想到万里以

笔
记

外的家，思绪万千：一面守卫边疆功业未成，一边归思难收。“羌管悠悠霜满地，人不寐将军白发征夫泪。”这时远处传来悠悠的羌管声，将军睡不着觉啊，当兵的也在为思乡而流泪。全词通过秋到边塞环境异常变化的描写，充分表现了词人守卫边疆功业未成和思乡情切的矛盾心理。在理解作品的基础上，我们就可把感情的基调定作是忧伤的而不是豪放或跳荡的。

六、吟诵的分类

（一）吟哦型：在古诗词中，描写景物，展现意境和触景生情的诗词占了很大比重。我们把这类诗词的吟诵归结为吟哦型，如李白的《早发白帝城》：“朝辞—白帝-彩云—间—，千里-江陵——日-还—。两岸-猿声—啼不-住-，轻舟—已过-万重—山——。”杜甫的《绝句》：“两个-黄鹂—鸣—翠柳-，一行—白鹭-上-青天—。窗含—西岭-千秋—雪-，门泊-东吴—万里-船——。”

吟这类诗时，速度放慢，诗人处于自我陶醉自得其乐的情状。

（二）长吁短叹型：在历代封建社会中，不少知识分子怀才不遇，报国无门，用诗词来宣泄自己的情绪，我们将这一类伤感、烦闷、痛苦的诗词归结为长吁短叹型。譬如宋辛弃疾的《摸鱼儿》：“更能消—，几番-风—雨，匆匆—春又-归去—。惜春—常怕-花开—早-，可怜—落红—无数-。春—且住-，见说道-天涯—芳草-无归路—。怨春—不语-，算只有-殷勤-画檐-蛛网—，尽日-惹飞—絮-。长门事-，准拟-佳期—又误-。蛾眉—曾有-人妒-。千金—纵买-相如—赋-，脉脉-此情—谁诉-？君莫舞-，君不见-，玉环—飞燕-皆尘土-。闲愁—最苦-，休去-倚危-栏—，斜阳—正在-烟柳-断肠—处——。”

宋淳熙己亥年（一一七九年），辛弃疾四十岁时，从湖北转运副使调到湖南任转运副使。这是主管钱粮的小官。他抗击金兵，恢复中原的爱国主张没被朝廷所采纳，情绪甚为低落。接替他的同官王正之置酒小山亭为他送行。辛弃疾感慨万状写下了《摸鱼儿》。这是一首忧时感事之作。上片描写主人公对春光无限留恋和珍惜之情；下片以比喻手法塑造美女伤春、蛾眉遭妒的形象，抒发作者壮志难酬和对国家命运关切之情。全词一百一十六个字。前片六仄韵，后片七仄韵。词，又称长短句，吟起来感情荡涤起伏。

吟诵时，七字句为四拍，三字句为二拍。名词一般不宜拖开，如“风景、衡阳、羌管”以一拍为宜。有时为了吟诵的感情或结尾的需要，也可将仄声拖开。

（三）踏歌型：李白的一首七言绝句《赠汪伦》写道：“李白-乘舟—将欲-行—，忽闻—岸上-踏歌—声—。桃花—潭水-深千—尺-，不及-汪伦—送我-情—。”原来古人吟诗就有“踏歌”之举。

再看刘禹锡的《竹枝词》：“杨柳-青青—江水-平—，闻郎—江上-踏歌—声—。东边—日出-西边—雨-，道是-无晴—却有-晴——。”

这里又提到“踏歌”。其实这就是吟诗的节拍，用脚尖打拍子。

关于踏歌吟诗，正是上文提及，我曾亲眼所见。

对于击拍踏歌的吟诵，更加适宜于豪放、潇洒情绪的表达。如苏东坡调寄《江城子》的“密州出猎”，这是作者描述在山东诸城任太守时，率众出城狩猎的盛事，气概豪迈，场面热闹。

> 老夫—聊发-少年—狂——，左-牵黄——，右-擎苍—。锦帽-貂裘—，千骑-卷平—岗—。为报-倾城—随—太守-，亲—射虎-，看-孙郎—。酒酣—胸胆-尚-开张—，鬓—微霜—，又-何妨—！持节-

笔记

云中一，何日-遣冯唐一？会挽-雕弓一如一满月-，西北-望-，射-天狼——。

这一踏歌，更能表达作者酣畅淋漓的情怀。

同样是一首苏东坡的《江城子·乙卯正月二十日记梦》就不能用踏歌型来吟诵了。

十年一生死-两-茫一茫——。不-思量-，自难一忘 -。千里-孤坟一，无处-话-凄凉一。纵使-相逢一应-不识-，尘一满面-，鬓一如霜——。夜来一幽梦-忽还-乡一。小轩窗一，正梳妆一。相顾-无言一，惟有-泪千一行一。料得-年年一断肠一处-，明月-夜-，短-松一冈——。

这首词为苏东坡悼念亡妻之作，时作者因与王安石政见不合被贬为密州太守，心情极为烦闷。而这时思念与感情笃深的妻子阴阳相隔十年整了，想来如何不令人忧伤。如果这首词《江城子》用豪迈的踏歌型来吟诵，感情上岂不适得其反吗？

（四）叙事诵读型：碰到有情节的叙事诗感情上没有大起大落，只是把故事交代清楚，以故事情节感染人，如《古诗为焦仲卿妻作并序》（其“序”中就简要介绍了故事情节：汉末建安中，庐江府小吏焦仲卿妻刘氏，为仲卿母所遣，自誓不嫁，其家逼之，乃投水而死，仲卿闻之亦自缢于庭树，时人伤之，为诗云尔）。这首诗篇幅较长，对初学吟诵者有一定的难度，以下就另选一首乐府民歌《木兰诗》来吟诵：

唧唧-复唧-唧-，木兰一当户-织-。不闻一机杼-声一，惟闻一女叹-息-。问女-何所-思一，问女-何所-忆-。女亦-无所-思一，女亦-何所-忆-。昨夜-见军一帖-，可汗-大点-兵一。军书一十二-卷-，卷卷-有爷-名一。阿爷一无大-儿-，木兰一无长-兄一。愿为-市鞍-马-，从此-替爷一征一。东市-买-骏马-，西市-买-鞍鞯一，南市-买-辔头一，北市-买-长鞭一。旦辞一爷娘一去-，暮宿-黄河一边一。不闻一爷娘一唤女-声一，但闻一黄河一流水-鸣——溅溅一。旦辞_一黄河-去-，暮至-黑山一头一。不闻一爷娘一唤女-声一，但闻-燕山一胡骑-鸣一啾啾一。万里-赴戎一机一，关山一度若-飞一。朔气-传金一柝-，寒光一照铁-衣一。将军一百战-死-，壮士-十年一归一。归来一见天一子-，天子-坐明一堂一。策勋一十二-转-，赏赐-千百-强一。可汗-问所-欲-，木兰-不用-尚书郎一。愿驰一千里-足-，送儿-还故-乡一。爷娘-闻女-来一，出郭-相扶一将-。阿姊-闻妹-来一，当户-理红一妆一。小弟-闻姊-来一，磨刀一霍霍-向猪-羊一。开我-东阁-门一，坐我-西阁-床一。脱我-战时-袍一，著我-旧时-裳一。当窗一理云一鬓一，对镜-贴花一黄一。出门-看火-伴-，火伴-皆惊-忙一。同行-十二-年一，不知-木兰一是女-郎一。雄兔-脚扑-朔一，雌兔-眼迷-离一。双兔-傍地-走-，安能-辨我-是雄-雌一?

这是一首英雄木兰女扮男装替父从军的故事诗。主要写木兰挥刀跃马英勇杀敌的事迹受到皇上嘉奖，而木兰拒绝授勋，毅然脱下战袍，回归女儿身的壮举。整首诗的情节是叙述人物从军的故事，有头有尾，没有感情上的大起大落，没有长吁短叹。

再一首就是杜甫的《兵车行》：

笔记

车辚辚—马-萧萧——，行人—弓箭-各在-腰—。爷娘—妻子-走相—送-，尘埃—不见-咸阳—桥—。牵衣—顿足-拦道-哭-，哭声—直上-干云—霄—。道旁—过者-问-行人—，行人—但云—点-行频—-。或从—十五-北防—河—，便知—四十-西营—田-。去时-里正-与-裹头—，归来—头白-还—戍边—。边庭—流血-成—海水-，武皇—开边—意-未已-。君不闻-，汉家—山东—二百-州—，千村—万落-生荆杞-。纵有-健妇-把-锄犁—，禾生—陇亩-无—东西—。况复-秦兵—耐-苦战-，被驱—不异 犬与 鸡—。长者-虽有-问-，役夫—敢伸—恨-？且如—今年—冬—，未休—关西—卒-。县官—急索-租—，租税-从何—出-？信知—生男—恶-，反而-生女-好-。生女-犹得-嫁比-邻—，生男—埋没-随—百草-。君—不见-，青海-头—，古来—白骨-无人—收—。新鬼-烦冤-旧鬼-哭—-，天阴—雨湿—声—啾啾——。

这首诗叙述天宝年间，封建统治者穷兵黩武，全诗通过应征者之口写出出征时的悲惨情景，连年征伐导致农村衰落的情形，揭露统治者连年发动战争给人民带来的深重灾难。

七、吟诵名篇《西洲曲》

中华吟诵学会秘书长徐健顺说，“姜嘉镳老师的《西洲曲》是发给全国吟诵学生学习资料中最好听最受欢迎的一首”。以下谈谈如何处理《西洲曲》的吟诵。

《西洲曲》

忆梅—下西—洲—，摘梅—寄江—北-。单杉—杏子-红—，双鬓—鸦雏-色-。西洲—在何—处-，两桨-桥头—渡-。日暮-伯劳—飞—，风吹—乌桕-树-。树下-即门—前—，门中—露翠-钿—。开门—郎不-至-，出门—采红—莲—。采莲—南塘—秋—，莲花—过人—头—。低头—弄莲—子-，莲子-清如—水-。置莲—怀袖-中—，莲心—彻底-红—。忆郎—郎不-至-，仰首-望飞—鸿—。鸿飞—满西—洲—，望郎—上青—楼—。楼高—望不-见-，尽日-栏杆—头—。栏杆—十二-曲-，垂手-明如—玉-。卷帘—天自-高—，海水-摇空—绿-。海水-梦悠—悠—，君愁—我亦-愁—。南风—知我-意——，吹梦——到西——洲——。

这是一首南朝乐府民歌，是中国文学史上以民歌形式反映爱情题材的扛鼎之作。全诗叙述一位窈窕淑女追忆情郎的凄美故事。女子所忆念的情郎住在西洲，而西洲在江北，自己在江南，不易面晤。他们曾在梅花盛开时欢晤过，而今梅花再度开放就折梅托人寄去。全诗形象生动，细节描写突出，感情浓烈，读来为之动容。

该诗属五言古体，虽然没有严格的规律，还是有节奏的，五言一句三拍；韵也是有的，不过不是一韵到底，有连句韵也有隔句韵，如第二句的“北”和第四句的“色”是同韵属入声（吟诵时最好读作bei，sei）。第五句的“处”、第六句的“渡”和第八句的“树”同韵属去声。第九句的“前”、第十句的“钿”、第十二句的“莲”同韵属平声。第十五句的“子”第十六句的“水”同韵属仄声（上声）。第十七句的“中”、第十八句的“红”、第二十句的“鸿”同韵属平声。第二十一句的“洲”、第二十二句的“楼”、第二十四句的“头”同韵平声。第二十五句的“曲”、第二十六句的“玉”、第二十八句的“绿”同韵属仄声（入

笔记

声）。第二十九句的“悠”、第三十句的“愁”以及结尾的“洲”都是同韵属平声。

再从行腔的进程来考量，也是有收有放，收放有度，交替而行。第一句“洲”放。第二句“北”、第四句“色”收。第五句“处”、第六句“渡”、第八句“树”收。第九句“前”、第十句“钿”、第十二句“莲”放。第十三句“秋”，第十四句“头”放。第十五句“子”、第十六句“水”收。第十七句“中”、第十八句“红”、第二十句“鸿”放。第二十一句“洲”、第二十二句“楼”、第二十四句“头”放。第二十五句“曲”、第二十六句“玉”、第二十八句“绿”收。第二十九句“悠”、第三十句“愁”、第三十二句“洲”放。吟诵起来收放交织，感情起伏曲折，更加动人。

另外，整首诗中出现一些句首句尾的勾连句，如“低头弄莲子，莲子清如水”“仰首望飞鸿，鸿飞满西洲”“望郎上青楼，楼高望不见”以及“海水摇空绿，海水梦悠悠”首句的重叠词，更加要注重韵味的发挥。

全诗结尾“南风知我意，吹梦到西洲”是感情发展的高潮，吟诵时速度要放慢，把诗人对情郎的无限思念寄托在梦中，带给远方的西洲。

八、关于使用普通话普及吟诵的建议

自从吟诵活动开展以来，得到全国青少年的广泛欢迎。另外，全国城市大学的中老年朋友也非常喜爱。现在关键是由谁来传承的问题。擅长吟诵的人已是凤毛麟角，他们大都是从社会前辈贤达那里身传口授而来，而且大部分都使用方言吟诵。方言吟诵极大地妨碍了吟诵的普及，我们倡议只有使用普通话吟诵才能普及古诗词吟诵。为什么呢？因为使用普通话是法定的语言。新中国成立之后，一九五五年十月，国务院召开“全国文字改革会议”和“现代汉语规范问题学术会议”，其间汉民族共同语的正式名称定为普通话，并同时确定它的定义即以“北京语音为标准，以北京话为基础方言”。一九五五年十月二十六日，《人民日报》发表题为《促进汉字改革、推广普通话、实现汉语规范化而努力》的社论。一九五六年二月，国务院发出关于推广普通话的指示，紧接着，全国各地特别是方言区的群众形成学习普通话的高潮。不多久，全国各大中小学的课堂用语也就使用普通话了。为巩固推广普通话的成果，一九九七年下半年，国务院第一百三十四次总理办公室会议批准，自一九九八年起，每年九月的第三周在全国开展“推广普通话宣传周”。而今在全国使用通话习以为常的情况下，为了古诗词吟诵，强硬推倒普通话而重启方言，这不就是倒行逆施吗？这是万万使不得的事。

虽然方言吟诵能保留许多地域风味，我们也只能忍痛割爱了。古诗词的吟诵者，首当其冲就要改方言为普通话来推广吟诵，否则我们怎么能向广大青少年和中老年朋友推广呢？

二〇二〇年六月六日初稿

雁荡风物记

东　君

名物

早年读许宗斌先生的一篇文章，才知道雁荡山有一种列为“五珍”之一的香鱼。后来翻看旧志，上面也有记载。其实这种香鱼并非乐清（雁荡山）独有，其他邻县溪流中也可觅见。香鱼长三四寸，细鳞，金色，生于清流，多见于十月。有些方志说它无腥，但蒋叔南的《雁荡山志》却说它“多涎而腥”。按照蒋的说法：香鱼多产于山水入海处，唯有产于石门潭的香鱼尤为鲜美，这是“其水清深”之故。腥味之有无，说到底还是因为产地不同。我还发现这样一个特点：香鱼初春之际，与草木同生，月长一寸，但长势有些缓慢，九月之后，方盈一尺。乐清有一种相传数百年的木雕工艺，所用的木材取自黄杨木，其生长周期就更慢了，三年才长一寸，而且遇闰则退。万物有数，鱼与草木的生长周期，皆有规律可循。这么一想，就让人不由得感叹造物主的神妙。

《徒然草》里面说：樱花盛开，从冬至数起第一百五十天，或时正（昼夜相等的春分）之后七天，立春之后七十五天，大体八九不离十。好个“八九不离十”。原来草木与潮信一样，也是守时重诺的。万物生长有序，花开有时，花落有时。这是谁定的？是造物主，还是自性？不得知。

不仅如此，它们生在哪里，宜于哪方水土，也是命定的。“橘生淮南则为橘，生于淮北则为枳”就是一例。我在龙泉读过一本关于铸剑的古书，里头说过类似的话：“吴越之剑，迁乎其地弗能为良。”这是什么原因？古人说得很明白：地气使然。所谓地气，用今天的话来说，是“土地山川所赋的灵气”。单是在乐清一地，一江之隔，一山之屏，草木性状也有相异。比如榕树，多生长于乐清西乡，往东，过了清江，就极少见，或竟至于无。

我出生乐清西乡，出门时见榕树。榕树的气根从树上垂挂下来，仿佛这棵树长到一定高度，就不再朝上生长了，只能以谦卑的姿态朝下生长。小时候坐船经过一个村庄的时候，时常能看到一株临河的大榕树；到了下一个村庄，又能看到相仿的大榕树，感觉它们的存在似乎能让分散的事物联结起来。后来我发现，这些村庄大都拥有同一个大姓。他们的姓氏，就像是一株根茎相连的大榕树。

榕树是西乡最常见的一种树，出了清江，及至雁荡，我就再也没有见着一株榕树了，仿佛此树也有一种“至今思项羽，不肯过江东”的清坚之气。东乡如雁荡，冠幅颇大的树也有，以杏树与樟树居多。我经过某个乡村，常常会有人指着山隈或河边的大树告诉我，这棵树有两百多年的历史，那棵树有三四百年的历史。几百年前的人看到的是它们盛年时期的荣景，而我看到的是它们垂垂老矣的样子。树还是从前的树，人已不是从前

雁荡风光　怀特兄弟 摄

的人了。因为有了这些树，人面也就有了微妙的区分。在古树多的地方，我发现，人面多静气。

树犹如此，鸟亦同然。据说西乡白石山中有一种形状似燕的白鸟，只在县西一带飞来飞去，它也不会飞过清江，来到北雁荡山中（要知道白石山亦名中雁荡山，与北雁荡山属同一山脉）。这也是一件很让人费解的事。

又如兰花。乐清这地方，县西一带多出建兰，但过了清北，春兰就多了。我问种兰人石华飞这是什么原因，他也说不出所以然。只能说，是地气使然。读清人林启亨《乐清新志后议》，发现有一种俗称“挂兰”的兰花亦出雁荡山，但志书没有记载，林就在物产篇中补记一条，称“挂兰”也叫“风兰”，出雁山，四明人多采买，是金钗石斛的别种，云云。雁荡山在县东，林在县西，何以知之尤详？他的说法东乡人是否认同？我曾就此疑问请教东乡的朋友，他们说，“挂兰”这名字不曾听说，但风兰是有的，叶短小而硬，可以随便一挂，几乎不用浇水，是很懒贱的一种花。“随便一挂”，大概就是“挂兰”这种俗称的来源吧。种兰人石华飞也认同此说，他做了补充解释：风兰多生于密林，挂在树枝上故名“挂兰”也未可知，其实风兰并非独出雁山，与雁山比邻的永嘉山间也多产此花，春开白花，气味香甜。至于说风兰是金钗石斛的别种，他是不认同的。我把他们的说法抄录在林启亨的书中，算是补遗的补遗了。“君自故乡来，应知故乡事”，事与物，皆可以作如是观。在古代，一物不知，君子所耻，何况，这些又都是故乡的“物事”？林启亨说“吾邑事迹以及山川风土人物之属类，非境外名流所能尽悉”，就我阅读所及，中国的地方志大都是“境内的人”写的，因为他们身上都自带一种先天的地气。同样地，了解一花一叶、一草一木，也可以让我们察见地气之有别。

怪物

我有一位开茶庄的朋友，是雁荡能仁村人，某夜，他穿过马鞍岭隧道，忽闻树林间传来婴儿的啼哭；静下来听，又疑是猫叫；再细听，就断然否定是猫叫了，因为他养过猫，听过猫叫；后来，他就把这种声音录下来，发给朋友听，朋友们中有说是鬼叫的。有一回，我翻看《雁荡山志》，发现“山乐官”这种鸟的条目之下有这样一段可做奇谭的文字：“山乐官状似斑鸠而多文采，荡东多此鸟，又称山和尚。老大者身材如鹰大，能效猫狗之声，久蓄则能作人言。”我的推断是：既然雁荡山有这样一种能模拟各种叫声的鸟，那么，我那位朋友在深夜听到的啼哭声也有可能是“山乐官”发出来的。

很多人听过“山乐官”其名，却未曾见过这种鸟。博学多闻如许先生也曾在一篇文章中谈到“山乐官”，他是否亲眼见过我不得而知。一位研究鸟类的专家说，乐清的“山乐官”其实就是画眉科的鸟，可以称之为八音鸟或棕噪鹛。我翻了一本鸟谱，感觉其中记载的棕噪鹛与《雁荡山志》里面的“山乐官”大不相类，它只是能够模仿其他鸟叫，却未能效猫狗之声，遑论作人言。“山乐官”与棕噪鹛到底是不是同一种鸟，这里只能存疑了。《徒然草》中谈到一种唤子鸟时沿袭民间的说法：唤子鸟是春鸟。但作者吉田兼好说，此鸟究竟是什么鸟，书籍里没有记载。他也只能凭借自己的臆断，认为万叶集中描述的那种夜鸟“很像唤子鸟”。因此，我说树林里面传来的“婴儿的啼哭”是山乐官的叫声也不无臆断的成分。

明人何白《雁荡十记》中记载了石门潭中的一条巨鲤，其长丈余，每遇晴明天气，辄从容扬鬣水面，数以千计的小鱼尾随其后，场面煞是壮观。当时也有人曾在夜间看见巨鲤出来时，一片红光映照，潭水尽紫，都惊呼神奇。何白写石门潭的巨鲤时用了六朝志怪的笔法，他说：石门潭边有一位叫干识夫的乡绅曾与本地人在天黑之后划着两条船进入潭中，船与船以粗绳联系，众人便在其间畅饮。其时，一名少年吹起了紫箫，箫声夹着秋气，带有一种穿云裂石的雄浑之气。忽然，水潭中传来一声雷鸣，疑是潭底的巨鲤听到箫声，也来唱和。客人骇然，纷纷弃船登岸逃散，之后就再也没有人敢与干识夫同游了。

山志里面又说，雁荡山有一种马，叫山马，比通常所见的马要高大，修身长颈，鬃毛茂盛，时常在山间游走，山里也有叫它仙马的。清人施元孚曾写过一篇《遇仙马记》的文章，记述了自己两次遇见仙马的逸闻：第一回见到仙马是在道松洞前，起初以为是怪物，细看是一匹马，见人就往千佛岩奔去，说是“如履平地”（案：我登过千佛岩，雨天路滑，及半即还。这匹马能够“如履平地”，显然不是凡马）；第二回是癸未孟春，施率其子过桐岭，有马在一箭之地伫立，“长颈而高大，身尾绝黑，唯鬃独白如雪”。人与马相视有顷，施的儿子忽然朝它吆喝了一声，那匹马随即奔山冈而去。

旧时雁荡山中还一种被山里人称为“野人”的熊，像鲁智深一样，力气很大，能拔树，但它见到人就隐遁不见。此外还有一种叫“兕”的异兽，状如水牛，全身苍黑，独角。有人把兕称作“青牛”，也有人把兕称作“犀牛”（一说是雌性犀牛）。雁荡人则把这种异兽称为“山牛”，据说它比虎豹还要凶猛。

上面这些怪物，我自然是统统没有见过，记在这里，也算是逸闻了。

这里要顺便提及的是，雁荡山中还有一种狗叫竹狗，一种竹叫猫竹。山志里说竹狗似狗而大，善走，其肾可作麝用，只是功效稍逊。可它跟竹有什么关系？不清楚。而猫竹是茅竹的俗称，大者围二尺许，跟猫恐怕是没什么关系的。其实，“竹狗”与“猫竹”并不怪，怪的只是名称而已。把动物与植物之名捏合在一起，仿佛是表明植物身上有动物的灵魂，而动物身上则有植物的灵魂。

山居

我居住的村庄离雁荡山尚远，已经了无乡村的气息。因为有了大气污染、垃圾丛生，家乡的风物看起来并不像往昔那样明丽。早些时候，我们的日子很穷，但村道无垢、房舍精洁，那是一种美丽的清贫啊。而现在，我们看起来好像更富裕了，生活质量却在不断下降，我们置身的地方充满了灰尘、噪声，仿佛可以触摸的滚烫的欲望之流。我们要占有的东西越来越多，但大地赐予我们的越来越少；相反，我们索取越少，大地就将赐予我们更多。现在，我们看起来好像什么都有了，但我们感受到的恰恰是一种“看起来什么都有”的匮乏。

有人的地方，就会有杂乱之物。这些杂乱之物充斥我们的生活，使我们日益浮躁。所以，这个世界的乱象都是因人而起。自然界就不同，即便杂草，也是杂而不乱，即便杂树生花，也有自己的秩序。殊不知，那些南坡上的青草正是我们生命中亡失的一部分；那些低头吃草的牛羊也是我们生命中亡失的一部分。我们唯有融入万物，始能复得万物；也唯有在万物的无序之序中，生命始得完整。

来到雁荡山中，看到人在山野之间，爰居爰游，我多少会感受到昔日的乡村气息。雁荡山间的屋子多是木古结构，老了，就与山相融，仿佛是岩石与树林的一部分；而山中新起的屋子看起来总有一种违和感，违的是造物之和。我一度听说地方官员曾动念把山里面的原住民迁移出去，此举是惠（民）是愚（民）不难想象。山会长成它自己的样子，山民也会长成他们自己的样子，两种样子有时会相融在一起，成就彼此。山民依附于山，如同苔生于石，把苔藓从石头上分离出来固然也能生存，但它无论移到哪里都不如在山中有生气。将原住民与山分割开来，游客再多，这座山想必也没有多少生气可言。

一年中有几天，我会到雁荡山中走走，会会老朋友。在我印象中，长胡子的人大都喜欢住在山里面，好像胡子跟草木一样，也是属于植物的。我的朋友阿人就是其中一个。在草木疯长的山中，他的胡子也在疯长。阿人住山里，就是一副山人相，正如他拿起勺子的时候，就有厨师相，拿起画笔的时候，就有画家相。阿人在城里喝完了酒，常常会跟人挥挥手说，我要回山中去了。于是，他的住地索性就叫回山小院。阿人好吃懒做（在现代社会什么都不做对很多人来说反倒是一件很难做到的事），经营小院也不怎么用心，简直就是被这座山宠坏的。有一阵子，他晒出一份菜单：主食材有新鲜石斛、土鸡、大荆老鸭（二选一）、西门岛野生蛐蠓、石门潭溪鱼、山闯（石鼓）。看菜单就能明白，这些食材是别处所没有的。在回山小院吃野味的好处是，阿人烧菜之余还会出来陪客人聊天，聊到兴头上，他还会喝上几杯，喝多了，主随客便，一顿饭给多少钱就算多少。阿人在山里住着，但他一点儿都不安分。他喜欢往城里跑，因为城里有他喜欢的朋友，还有他喜欢的酒。有一次，他回到山中小院，发现自己床上多了一窝鸡蛋，细数，共十二枚；然后细想，自己在外游荡，竟有十二天没回家了。阿人不做隐士，不弹琴不读线装书不玩香道，他是山里面的土人，可以跟土鸡、土鸡蛋、土茶做伴。阳光好的时候，他就在那里晒人，然后晒被子，晒袜子或别的什么。下雨天呢？就坐在一把竹椅上，数数雨泡。听说，像阿人这样的土人在雁荡山里还是能找出好几个的。

每年总有那么两三回，阿人或雁荡山中的其他朋友会想到我，给我发个短信，问我是否有空到山中来玩。有时不能成行，看看他们朋友圈中发的山景图，也仿佛去山中走了一趟。我的房间里有一棵小树，高及天花板，绿枝披拂。离树近的人，身上多少会有山的气息吧。我想。

瀑

温州有“永嘉四灵”，他们就是四位宋代诗人：徐灵晖（徐照）、徐灵渊（徐玑）、徐灵舒（翁卷）、赵灵秀（赵师秀）。雁荡有“二灵”：灵峰、灵岩。“二灵”又以大龙湫为最。

袁枚写大龙湫：

> 及前谛视，则二十丈以上是瀑，二十丈以下非瀑也，尽化为烟，为雾，为轻绡，为玉尘，为珠屑，为琉璃丝，为杨白花。

但在一首《大龙湫之瀑》的诗中，他却是这样写道：

> 龙湫之势高绝天，一线瀑走兜罗绵。五丈以上尚是水，十丈以下全是烟。况复百丈至千丈，水云烟雾难分焉。

袁枚在散文与诗中把大龙湫分为瀑与非瀑两个部分，是很有意思的说法。不过，他在文章中说的是“二十丈以上是瀑，二十丈以下非瀑”，写到诗里面则是“五丈以上尚是水，十丈以下全是烟”。需要注意的是，这里面的数字有了微妙的变化。这大概是“二十丈”难以入诗的缘故吧。

如果说袁枚在数字上尚嫌模糊，黄炎培在《雁荡游楔》中写大龙湫的高度时就有数学家式的精准：

> 瀑之高度，从顶注视其一点，随顺一下，及地得六秒。朱君延平为工程专家，以坠物定峰，计算得五百七十六尺。

“六秒”，是从时间着手计算所得，“五百六十七尺”是从空间着手计算所得。文中还不厌其烦地列出了大龙湫高度计算法，这个算式是由分行的汉字、数字与英文字母构成，读起来居然像一首诗。

这种写法与袁枚全然不同。袁枚是重想象力的，黄炎培则重观察力。

我去雁荡观瀑不知有多少回，最让人震撼的还是大雨过后的瀑布。大龙湫背的水喷薄而出，直似血气方刚的少年拔刀追赶一头猛兽，非要将它逼入死角插上一刀不罢休。那轰鸣声，也如同野兽声嘶力竭的吼叫。若是平日，瀑布不大，也没甚么看头。无风时，如野老掀髯一笑，笑声倒也爽朗；有风时，则如顽童，从高处相逐着跃下，隐藏潭中，故意弄出一点动静来。这是大龙湫白天的情状，至于夜晚，历来鲜见有人提及。两百年前，有位姓蒋的读书人别出心裁夜游大龙湫。他在潭边坐了一夜，不是观瀑，而是听瀑，或者可以说是在墨黑的夜晚，用耳朵谛视。夜游人归来，也没甚么话好说了。所以，夜晚听瀑的情味，非要自己跑到山里面亲尝不可。有一回夜间，一位雁荡的朋友带我去听瀑。在转角处，隐隐听得瀑声，感觉是一对老夫老妻躺在床上絮絮叨叨聊些私密话。我说，一个人在瀑布底下倚壁站着，好比是藏在眠床底下偷听，多少会有些猥琐吧——当然，这只是一句玩笑。同是瀑布飞流之声，在白天或夜晚听来，确有不同的情味。我没有看到瀑布的身影之前，水声早已穿透岩石，仿佛要在黑暗中放出一道白光来。及至来到瀑布前，抬头仰观，感觉是天上的月光集成一束哗啦一下全都倾泻下来。月光与水声相融，使月光有声，亦使水声有光。树、石、鱼、鸟和人，仿佛是在大气中浮游着的，感觉也没甚么话好说的了。

“潭下水同，何必仰视。”这是雁荡山中一位高僧坐化前留下的一句偈语。潭下的水与潭上的水有甚么区分？五丈以上的水与十丈以下的烟又有甚么区分？在黑暗中，喏，低下头来，也能观瀑。

石

“雁荡山，是造化小儿时所作者，事事俱糖担中物。不然，则盘古前失存姓名，大人家劫灰未尽之后花园。”

说这话的，是山阴王思任。他真是说对了。地质专家已经证实：雁荡山有一部分岩石便是流纹质火山岩。距今一点二八亿至一点零八亿年间（中生代晚期），这里曾发生过一场火山爆发，大劫过后留下的遗迹，至今犹可辨识。奇妙的是，雁荡山在三四千万年前曾沉没海中；又过两千万年，它又浮出海面，为冰川洪水所侵蚀。这么说来，那些流纹岩、凝灰岩、熔流岩，的确像是“大人家劫灰未尽之后花园”了。

“天台山为土山，雁荡为石山。”

说这话的，便是天游化人南海康有为。雁荡山脉与天台相连，奔汇至震旦东南大海际，弥见骨感。

雁荡看山，就是看石。春夏间可见木与石的宏富、温润，秋冬木叶凋零，则更见山石的风骨。石头是天生的。因此，唯有天然的东西才能与之匹配。经过一次浴火，又经过一次水的洗礼，它们已经完成了自身的美，现在如果再添置一些新的人工材料于它们都是一种损害。

雁荡有溪，溪间多沙石，水自西来，由高而低，但很快就沉入沙石里面，不知所终。因此，溪间水落而石出，从每一块石头，可以看到水在山中的潜滋暗长。流水的活泼之气与石头的沉静品质是一座山呈现的两个面。一个人寻溪而行，走累了，看见溪边一块石头，便会心生安宁，想坐下来，稍事休憩，或是让目光顺着那些绕石而流的溪水向远处延伸。彼时的石头，有着流水的清凉。人坐在溪流之上，石头仿佛也在流动。我喜欢那些被水浸润过的无名的石头，它们圆润而饱满，有点像佛陀，就那样趺坐着，既示功德圆满之态，又有一种时间所赋予的静美。雁荡山的石头有没有名字，对它们来说没有任何意义。有名字的石头，再过多少年也许就归于无名。石头还要回到石头本身，在山里面接受终古的沉默。记得雁荡山中有块石头，叫枕流石，居然有些名气。有名的原因是石上有宋代名僧平庵契常的诗刻，其中一句这样写道：石在名犹在，名空石亦空。细味，像一句偈语。其实，石头不叫枕流石之前，它就在那里；石头不叫枕流石之后，它还会在那里；石头即便不叫石头，它也会一直在那里。

曾从雁荡山带回几块石头，有几块摆放在书柜里，有几块摆放案头。这些石头，都是从山里面游离出来的，有一块石头表面棱角分明，犹带秋日的清冷的山气；有一块石头已经磨圆，密布水纹，仿佛可以微闻春日的水声。与之对视，我常常感觉自己面对的不是一块石头，而是一座山。在一块带棱角的石头与圆润的石头之间，我努力保存着一个庸常的自我，有时候也视之为一种自我完成。

写于二〇二〇年四月

名人牌

温州虽然是个小地方，说起文化资源，当然比不上北京、上海、南京这样的大城市，就算和省内的绍兴、嘉兴一起谈论，可能也相形见绌。但每一地有每一地的文化特色，每一地有每一地的名人，何况温州也是座千年古城。一方水土养一方人。江山代有人才出。在利用名人资源、打好名人牌方面，温州完全有文章可做。但是，近年来温州在名人纪念方面，似乎比较弱势。虽然各地都有零星的相关活动，但活动档次不够高，学术分量不够重，有提升的空间。比如今年是叶适诞辰八百七十周年、弘一法师诞辰一百四十周年、夏承焘诞辰一百二十周年、唐湜诞辰一百周年，值得大做特做有关纪念活动，但目前举办的一些纪念活动，还不够有影响力。

做好盘点名人资源、加强名人研究和宣传、加大名人故居保护力度、建立名人后代联谊机制等工作，打好名人牌，充分发挥名人效应，对于促进温州文化建设工作，转变温州城市形象，增强城市美誉度，无疑有四两拨千斤之功。

提起孔子就会想到曲阜，说起温州，会想起谁？名人牌这篇文章，值得思量。

编者

二〇二〇年十一月四日

图书在版编目（CIP）数据

瓯风．第二十集 / 方韶毅主编．-- 上海：文汇出版社，2020.12

ISBN 978-7-5496-3398-2

Ⅰ．①瓯… Ⅱ．①方… Ⅲ．①文史资料—温州—文集 Ⅳ．① K295.53-53

中国版本图书馆 CIP 数据核字（2020）第 229084 号

瓯风

第二十集

主　　编　方韶毅
责任编辑　苏　菲
装帧设计　何天健
排版制作　胡文胜

出 版 人　周伯军

出版发行　文匯出版社
　　　　　上海市威海路 755 号（邮政编码 200041）
经　　销　全国新华书店
印刷装订　温州今日印刷有限公司
版　　次　2020 年 12 月第 1 版
印　　次　2020 年 12 月第 1 次印刷
开　　本　787×1092　1/16
字　　数　15.5 千字
印　　张　13

书　　号　ISBN 978-7-5496-3398-2
定　　价　48.00 元